Darstellung
selbsterlebter mystischer
Erscheinungen

von Melchior Joller (1818 – 1865)

mit einer Auswahl von Briefen,
zeitgenössischen Zeitungsartikeln und
Entgegnungen M. Jollers

Darstellung selbsterlebter mystischer Erscheinungen

von Melchior Joller (1818 – 1865)

Der am besten dokumentierte
Spuk-Fall
der Geschichte.

(Dr. Walter v. Lucadou,
Physiker und Psychologe)

mit einer Auswahl von Briefen,
zeitgenössischen Zeitungsartikeln und
Entgegnungen M. Jollers

Dirk Bertram (Hrsg.)

Bibliografische Information der Deutschen Nationalbibliothek:

Die Deutsche Nationalbibliothek verzeichnet diese Publikation in der
Deutschen Nationalbibliografie; detaillierte bibliografische Daten
sind im Internet über http://dnb.dnb.de abrufbar.

2 überarbeitete Auflage
© 2019 herausgegeben von Dirk Bertram, Ennigerloh (NRW)
Herstellung und Verlag: BoD – Books on Demand, Norderstedt

ISBN: 978-3-7494-8097-5

Inhaltsverzeichnis

Vorbemerkung des Herausgebers

In der vom Regisseur, Hochschullehrer sowie dreifachen Grimme-Preisträger Volker Anding 2003 im Rahmen einer ARTE/ZDF-Produktion entstandenen 90-minütigen Dokumentation »Das Spuk-Haus«, die von ARTE am 8.6.2003 erstmalig ausgestrahlt wurde, stellt Volker Anding den von ihm im Zuge seiner Dokumentation ins (damals noch existente) Joller Spuk-Haus als Experten eingeladenen Dr. Walter von Lucadou seinen Zuschauern mit folgenden Worten vor: „ ... Mein nächster Experte ist der Physiker und Psychologe Dr. Walter von Lucadou aus Freiburg. Er forscht seit 20 Jahren über Spuk, sein Motto: »Nichts glauben aber alles für möglich halten«. Der Fall Joller ist für ihn der am besten dokumentierte Spuk-Fall der Geschichte, er zitiert ihn in jedem seiner Vorträge. Deshalb ist für ihn heute ein besonderer Tag. Er ist an einem bedeutsamen Ort. Das erste und (aufgrund des damalig angesetzten Abrisstermins des Hauses Joller) wahrscheinlich letzte Mal ...“

Wie sich bereits aus diesen kurzen Ausführungen abzuzeichnen beginnt und im folgenden auf eindrucksvolle Weise bestätigen wird, handelt es sich beim Spuk-Fall des Rechtsanwaltes (Fürsprech/Advokaten) Melchior Joller, der zur Zeit besagter Ereignisse politisch (seit 1857) als Nationalrat tätig war keineswegs um eine simple Spuk-Geschichte. Diesen Umstand haben wir insbesondere der Tatsache zu verdanken, dass Joller zu den, seine Familie und ihn gesellschaftlich sowie finanziell vernichtenden paranormalen Ereignissen, die letztendlich zu seinem frühen Tod fern der Heimat beigetragen haben dürften (Joller verstarb 1865 im Alter von 47 Jahren in Rom), eine mit wissenschaftlicher Akribie geführte Dokumentation verfasste. Es entstand hierbei ein als Unikat zu bezeichnendes, detailliert geführtes Spuk-Protokoll eines naturwissenschaftlich orientierten, akademisch gebildeten, hochgradig analytisch denkenden, mit auffallend scharfer Beobachtungsgabe ausgestatteten Geistes, dem jedwede Form von Aberglauben derart verpönt war, dass dieser anfänglich die ihm von seinen Kindern zugetragenen Ereignisse nicht nur als abergläubischen Unsinn abtat, sondern nach weiterem Vorbringen der Kinder, diesen – unter »Androhung der Rute«[1]! – verbot weiterhin hierüber Bericht zu erstatten. Der sich hieraufhin einstellenden trügerischen Ruhe folgte zwar kein jähes, so doch ein erschreckendes Ende. Ein Ende, das auch Jollers *klassisch* naturwissenschaftlich geprägte Weltsicht sukzessive erfasste, von Grund auf zum Wanken und schließlich zum Einsturz brachte. Nichts desto trotz verblieb Joller der festen Überzeugung, wonach der naturwissenschaftliche Weg der einzig verbleibende Weg zur Klärung derartiger Phänomene darstellt.

Rückblickend fasst Joller diesen, sich trotz dramatischster Begleitumstände nur nach und nach in ihm vollziehenden Wandel seiner Einstellung zum Paranormalen, mit folgenden Worten zusammen:

„... Wäre der Spuk mir nicht selbst begegnet, und hätte nicht derselbe mit seinem rasenden Ungestüm mit wenigen Unterbrechungen wochenlang am hellen Tage mich bei allen wachen Sinnen von seiner Existenz

---

[1] Joller war Humanist, u.a. Gegner der Todesstrafe; es war nicht bekannt, dass er seine Kinder je mit der Rute geschlagen hätte

gewalttätig überzeugt, ich würde der bloßen Erzählung anderer kaum anders, kaum viel besser begegnet sein. Abgesagter Feind solcher Mystik, stand ich seit 20 Jahren, wie ich das als bekannt voraussetzen darf, im Gegensatz zu dem Glauben an derartige Erscheinungen und hielt strenge darauf, schon solche Erzählungen von meinem Hause fernzuhalten.

Wie eine bittere Ironie der Schicksalsfügung traf mich daher dieser Schlag unvermutet, und so schwer und hart, wie es unter meinen Verhältnissen kaum ein anderes Unglück vermocht hätte...“

Die »Darstellung selbsterlebter mystischer Ereignisse« von Melchior Joller erschien 1863 im Verlag Fr. Hanke, Zürich. Der hier veröffentlichte Abdruck wurde dem Buch »Spuk – Ein Rätsel der Menschheit« von Fanny Moser aus dem Fischer Taschenbuch-Verlag, März 1980, entnommen, die Jollers Spuk-Tagebuch ihrerseits wortwörtlich darin wiedergegeben hat.

Darstellung
selbsterlebter mystischer Erscheinungen

von M. Joller, Advokat
gewesenes Mitglied des schweizerischen Nationalrates
von Stans (Kanton Unterwalden)

Vorwort

Phänomene, denjenigen ähnlich, welche in vorliegender kleinen Schrift geschildert werden, sind seit sehr früher Zeit beobachtet worden, ohne daß es bis jetzt möglich gewesen wäre, eine sog. »natürliche« Erklärung von denselben zu geb. Es fehlt nicht an Beispielen, die, den sog. »Spukwirkungen« nachgeäfft, durch betrügerische Menschen mit Bewusstsein und Überlegung in verderblich selbstischer Absicht verübt und später entdeckt wurden und dann freilich ihre »natürliche« Erklärung finden konnten. Davon ist hier nicht die Rede, sondern von jenen zahlreichen Fällen aus allen Jahrhunderten der christlichen Ära und auch schon der klassischen Zeit, wo die genaueste Untersuchung, die umsichtigste, lange fortgesetzte Beobachtung weder natürliche Ursachen und Kräfte auszumitteln vermochte, noch durch solche die besondere eigentümliche Beschaffenheit dieser Erscheinungen hätte zustande kommen können, wo für die Schall- und Lichtphänomene, für die Bewegung und Versetzung von Gegenständen, das Öffnen und Schließen der Türen, die erschütternden Schläge, die unheimlichen Berührungen und visionären Bilder durchaus keine natürlichen Ursachen nachzuweisen waren. Zu diesen Fällen gehört der vorliegende, und man muss es dem Verfasser Dank wissen, daß er unbeirrt um das Geschrei der Unwissenden und in falscher Aufklärungssucht Befangenen eine so treue, objektive Darstellung desselben gegeben hat.

Es handelt sich überhaupt gar nicht um Unglaube oder Aberglaube, Aufklärung und Verfinsterung usw., sondern die Frage ist: existieren in der Welt Erscheinungen, welche nicht aus den bis jetzt bekannten Naturgesetzen zu erklären sind, sondern eine andere Art von Wirksamkeit als die gewöhnlichen mechanisch-physikalischen Vorgänge voraussetzen, oder existieren dergleichen nicht? In Hinblick auf die Erfahrungstatsachen in den verschiedensten Zeiten und bei fast allen Völkern darf man keinen Augenblick anstehen, jene Frage bejahend zu beantworten, und kann noch beifügen, daß die Spukphänomene teilweise selbst gegen die physikalischen Gesetze, z. B. das der Schwere, erfolgen. Es gibt Fälle, wo solche Wirkungen offenbar durch Lebende hervorgebracht werden, nicht mit den Kräften ihres tagwachen, bewussten Lebens, sondern mit den ihnen selbst verborgenen ihres magischen Innersten, und zwar, um zu necken, zu stören, zu schrecken und schädigen, während in anderen Fällen diese Erklärung nicht auszureichen scheint. Es ist die Aufgabe der Psychologie und der Naturwissenschaften, nach und nach auch in diese geheimnisvolle Region des geistigen Lebens Licht zu bringen, was nicht bei Ignorierung oder törichter Verspottung der Tatsachen, sondern nur bei deren Beobachtung und Erforschung möglich ist.

Wir verdanken dieses Vorwort, wie der Schluss zeigt, einem Gelehrten und teilnehmenden Freunde und Professor an einer der schweizerischen Hochschulen.

Darstellung

Wenn ich hier die mystischen Erscheinungen, welche sich vor einiger Zeit in meinem Hause gezeigt haben, zusammenfasse, so geschieht es hauptsächlich auf mehrseitige Anregung von Männern, deren tiefe Gelehrsamkeit insbesondere auf dem Gebiet der Naturwissenschaft und Psychologie als Autorität gilt. Mein Streben ist daher, diese Erscheinungen mit aller Gewissenhaftigkeit rein und wahr so darzustellen, wie ich selbst, meine Hausgenossen und eine Menge von Zeugen sie wahrgenommen haben. Es ist das um so leichter, als dieselben *meistens am hellen Tage*, selten zur Nachtzeit aufgetreten sind, und ich sie in *meinem Tagebuch Tag für Tag genau verzeichnet habe.*

Was mich bei dieser Aufgabe bemüht, ist daher nicht die Aufgabe an und für sich, sondern vielmehr die ungünstige Aufnahme, die ihrer, weil im Gegensatz zur allgemeinen Anschauungsweise stehend, wartet, wie diese sich von der gegenwärtigen Volksschule bis teilweise in die Sphären des höheren Unterrichtes Geltung verschafft hat. Das Bemühen, alle Erscheinungen der Natur auf deren bekannte Gesetze zurückzuführen, und der damit nicht selten verbundene Wahn, auch die letzte Perle aus dem Ozean der Wissenschaft aufgefischt zu haben, begegnet allem, was sich unter diesem Gesichtskreis nicht fassen lässt, mit kopfschüttelndem Unglauben, und die Erfahrung zeigt, daß man dem sinn- und grundlosesten Gerüchte, ohne das Bedürfnis einer Untersuchung zu fühlen, ein viel willigeres Ohr leiht, als daß man etwas annehmen will, was man nicht zugleich zu fassen und sich zu erklären vermag. Daher die Konsequenz, daß selbst die schonende Hand wenigstens abschält, was ihrer Auslegung nicht passen will, und als Schale wegwirft, sofern man sich die Sache nicht noch leichter macht und die ganze Geschichte hohnlächelnd in die Spielkammer der Ammenmärchen wirft. Und doch darf ich auch diesem Gebaren kaum zürnen. Wäre der Spuk mir nicht selbst begegnet, und hätte nicht derselbe mit seinem rasenden Ungestüm mit wenigen Unterbrechungen wochenlang am hellen Tage mich bei allen wachen Sinnen von seiner Existenz gewalttätig überzeugt, ich würde der bloßen Erzählung anderer kaum anders, kaum viel besser begegnet sein.

Abgesagter Feind solcher Mystik, stand ich seit 20 Jahren, wie ich das als bekannt voraussetzen darf, im Gegensatz zu dem Glauben an derartige Erscheinungen und hielt strenge darauf, schon solche Erzählungen von meinem Hause fernzuhalten.

Wie eine bittere Ironie der Schicksalsfügung traf mich daher dieser Schlag unvermutet, und so schwer und hart, wie es unter meinen Verhältnissen kaum ein anderes Unglück vermocht hätte. Doch die ewig frische Quelle der Forschung, aus der ich in so mancher unmutvollen Stunde neue Stärkung schöpfte, stand auch hier mir labend zur Seite. Dieser und nur dieser zuliebe – was mir auch dieses Schriftchen Unangenehmes und Kränkendes bringen mag – habe ich den aufmunternden Vorstellungen Gehör geschenkt, der Wahrheit dieses Problems, entgegen den in der Publizität bisher arg entstellten Tatsachen unverfälschtes öffentliches Zeugnis zu geben.

Wer sich für eine Begebenheit interessiert, dem kann Ort und Stelle auch nicht gleichgültig sein, wo sich dieselbe zugetragen hat. Ich halte es daher für nötig, eine möglichst genaue Beschreibung der Lokalität, sowie einige

Notizen über die Schicksale der sie bewohnenden Familie zu geben.

Beschreibung der Lokalität

Das Haus, in welchem diese Phänomene auftraten, liegt in einer der freundlichsten und sonnigsten Lagen des Stanser Tales, da wo sich dessen Fläche in den südwestlichen Vorsprung des Bürgenstocks biegt, und ist seit dem Überfall der Franzosen 1798 an frischer Stelle erbaut. Das *ältere Wohnhaus* meiner Vorgänger, welches vor ungefähr 100 Jahren mein Urgroßvater mit der angrenzenden Wiese »*Speichermatt*« angekauft hatte, war mit dem Stammhaus der *Zelger*, jenes in der Geschichte von Nidwalden berühmten, in dieser Branche nun erloschenen Geschlechtes, durch eine schwebende Laube verbunden und enthielt ehedem im ersten Stock die Zimmer für das Gesinde, im oberen den Speisesaal für die Herrschaft. Nachdem es am 9. September 1798 niedergebrannt worden, wählte meine *Großmutter*, damals Witwe *Veronika Gut*, den Bauplatz etwa 20 Schritte von der Brandstelle weiter auf der Wiese zurück und ließ dort, nach dem Modelle der neuen Landhäuser, sehr einfach und flüchtig, um möglichst bald wieder unter ein eigenes Dach zu kommen, das *gegenwärtige* Haus erbauen.

Das damals neue Bauernhaus von Nidwalden ist ein hoher, frohmutiger Bau und darf sich als solcher neben die freundlichsten Landhäuser der Schweiz stellen. Das aufgemauerte Erdgeschoss bildet in der Regel die Senn- oder Waschhütte, in der Landessprache einfach die »*Hütte*« genannt, mit der ein oder mehrere Keller in Verbindung stehen. Auf dieser Mauer des ersten Stockes ruhen die Holzwände des oberen Baues mit wenigstens zwei vollständigen Stockwerken, von denen das untere die Wohnstube, die Kammer (anstoßendes Schlafgemach), Küche, Gang und Treppe, das obere, auf beiden Seiten des Hauses ausgeladen, drei bis fünf Lauben (Schlafzimmer) nebst Gang und Treppe enthält. Über diesem zweiten Wohnboden befindet sich bereits im Dachraume zwischen zwei Dachkammern der »Saal« und über demselben die »Diele« (Wäschetröckne). Nach diesem Plane ward auch das bezeichnete Wohnhaus, dessen Front nach Südwesten schaut, ausgeführt.

Der *Grund*, auf dem es ruht, ist aufgeschwemmter, fester Kiesboden. Gräbt man vier bis fünf Fuß tief, so stößt man auf Wasser, und mit acht Fuß Tiefe besitzt man einen, bei der hartnäckigsten Trockenheit unversiegbaren Brunnen, aus dessen Sand- und Kiesschichten ein reines, frisches Trinkwasser herausgeschöpft wird. Das *Erdgeschoss* zerfällt hier in drei Gemächer, als: *Hütte*, in welche man von außen auf der Nordwestseite des Hauses eintritt, und in der westlichen Ecke ungefähr den dritten Teil des ganzen Umfanges ausfüllt. Außer einem schmalen Querfenster über der Tür empfängt dieselbe das Licht von einem einzigen Mauerfenster und ist somit bei geschlossener Türe ein nur sparsam beleuchteter Raum. Aus derselben führt zur Rechten nach der südlichen Seite hin eine, und zwar die einzige Tür in den *Keller*, welcher sich unter der Wohnstube befindet und sein Licht durch zwei mittelgroße Kellerfenster erhält. Zur Linken steigt man aus der Hütte wenige Stufen tief in den *Milchkeller*, der sich auf der hinteren oder östlichen Seite des Hauses dessen ganzer Breite nach hinzieht und nebst einem engen Mauerschlitz zwei Fenster hat, die wie alle übrigen mit Eisenstäben vergittert sind. Zwischen dieser Tür und der nördlichen Mauerwand führt eine *geschlossene Stiege* in die Küche des ersten Wohnbodens hinauf. Jene ist, außer dem Kamine, welcher den Rauch aus der Hütte in den weiten Kaminschoß der Küche führt, im Innern die einzige Verbindung des Erdgeschosses mit dem ersten Wohnboden.

Der gewöhnliche *Eingang* zum Wohnhause aber führt auf der oberen oder südöstlichen Seite durch eine Weinlaube, deren Rebe die Sonnenseite des Hauses übersponnen hat, über eine Treppe von außen auf eine kleine *Vorlaube*, von der man durch die Haustüre in den Gang tritt, der direkt in die *Küche* hinführt. Ungefähr in der Mitte des Ganges befindet sich zur Linken die Türe zu der ziemlich geräumigen *Wohnstube*. Von den fünf Fenstern derselben schauen zwei durch die Spaliere in den Garten, sodaß man von den oberen Stufen der Treppe durch das eine leicht von außen die Stube sehen kann. Drei sind in der Front des Hauses. Zur Linken steht das Eckbüffet und zur Rechten deckt die offenstehende Stubentür etwa zur Hälfte den großen Ofen, der von der Küche her geheizt wird. Seine untere Längenseite bildet einen Teil der Mittelwand, durch die man in das anstoßende *Schlaf-gemach* (Kammer) eintritt und enthält ein, mit Ausnahme des zirka zwei Zoll weiten Dampfzuges nach dem Küchenkamin, nur von dieser Seite sich öffnendes, im Innern ziemlich weites »*Ofenrohr*«. Zwei Fenster von der Front und eines von der unteren oder nordwestlichen Seite erhellen dieses Zimmer, das mit der Stube ungefähr die vordere Hälfte des zweiten Bodens ausmacht und durch eine, am unteren Ende der Scheidewand zwischen der Kammer und der Küche angebrachte Tür mit letzterer in Verbindung steht. Tritt man hier auf den Dielenrand über der Hüttenstiege in die *Küche*, so umfasst zur Rechten ein weiter Kaminschoß den Feuerherd, die Einmündung des Hüttenkamins und den Heizplatz des Ofens bis zur Tür in den Hausgang. In der nördlichen

Ecke, wo man von der benannten Treppe auf den Küchenboden tritt, ist die Wasserpumpe des im Milchkeller gegrabenen Sodes angebracht, die aber seit den letzten Jahren unbenutzt geblieben. Das nötige Licht erhält die Küche durch ein Fenster von der Nordwestseite.

Links neben der Tür, durch die man wieder in den Hausgang kommt, befindet sich eine zweite, welche in ein schmales »Küchenstübchen« sich öffnet, das durch ein eisenvergittertes Fenster nur ein, durch den Anbau vermitteltes spärliches Licht empfängt. Kehrt man aus der Küche durch den Hauptgang wieder zurück an die Haustüre, lenkt ein *schmales Gänglein* zwischen der Haus- und der Rückwand des Küchenstübleins zum *Abtritt*, der früher an der Außenseite des Hinterhauses angebaut war, später aber in den Anbau eingeschlossen wurde. Dieses Gänglein, ein Haupttummelplatz der Erscheinungen, beim Ein- und Ausgang mit Türen verschlossen, ist ohne Licht. Links von dem Eintritte in dasselbe führt im Hausgang an der Längswand des benannten Stübleins, gegenüber der Stubentüre, die *Stiege* in den *zweiten Wohnboden*.

Derselbe war ursprünglich in vier, jetzt in fünf Zimmer eingeteilt, von denen zwei geräumige gegen die Vorder-, die übrigen drei gegen die Rückseite des Hauses liegen. Von der Stiege auf den in gleicher Richtung über dem unteren Gang situierten oberen Hausgang tretend, führt eine Tür rechts in ein *Schlafkabinettchen*, durch welches man auf die Terrasse gelangt, die wir später betrachten. Von der Stiege aber gerade vorwärts tritt man an die Türe meines über der Küche liegenden *Studienzimmers*, das mit erwähntem Kabinettchen in Verbindung steht. Links über der Kammer liegt das *untere* und über der Stube das *obere Schlafgemach*, welche beide ohne innere Verbindung nur vom Gange aus betreten werden können. Wendet man sich auf diesem Gange zurück, so gelangt man links, über dem erwähnten finsteren Gänglein, in das zweite *Schlafkabinettchen* oder fünftes Zimmer des Bodens, *Gartenzimmer* genannt, dessen Fenster, wie dasjenige des Ganges, nach dem Garten schaut. Diese beiden Kabinettchen bildeten früher nur ein langes, schmales Zimmer, das gleich nach Erbauung des Hauses zu den damaligen Revolutionszeiten meiner Großmutter als Depot des geheimen Waffenhandels diente.

In gleicher Richtung mit der unteren Stiege führt über derselben eine zweite auf den dritten *Wohnboden,* zu dem in der Front zwischen beiden Dachkammern jetzt zu einem freundlichen Wohnzimmer eingebauten *Saal,* in welchem man von der Stiege gleich links durch eine Flügeltür eintritt. Neben derselben steht ein Kochherd mit einem eigenen, an den von der unteren Küche aufsteigenden Kamin angelehnten Rauchfang. Diesem gegenüber öffnet sich die Tür zu einem *Schlafzimmer,* das nach der Rückseite des Hauses schaut. Der Eckteil der oberen Dachkammer zur rechten der Stiege dient als abzuschließendes *Küchenstüblein* oder Holzbehälter. Von der Stiege durch die Küche vorwärts führt eine Türe nach der *unteren Dachkammer,* von der man auf die »*Diele*« oder den Trockenboden hinaufsteigt, der durch zwei Fenster im Giebel der Vorder- und Rückseite des Hauses erhellt und gelüftet wird. Die Kamine der unteren und oberen Küche, die sich erst da, wo sie aus dem Dache steigen, zu einem engen Schornstein vereinigen, sind mit einer Steinplatte über die vier kurzen Eckstücken gedeckt; Seitenöffnungen im Innern des Hauses haben sie keine. Sämtliche Wohnböden haben einfache Dielen, auf die später in einigen Zimmern unmittelbar Fußböden gelegt worden waren, und andere Zwischenräume, als wo etwa die Bleiwaage des Tischlers mit derjenigen des Zimmermanns nicht übereinstimmte, enthalten sämtliche Böden keine.

Im Jahre 1830 wurde das Haus durch einen *Anbau* auf dessen Rückseite mit eigenem Eingange vergrößert. Derselbe enthält einen gewölbten Keller mit vier eisenvergitterten Fenstern, in den man aber nur aus dem Milchkeller gelangen kann. Der einzige Wohnboden, der drei Zimmer und eine Küche nebst den beiden Abtritten, von denen aber der zum Hause für dasselbe abgeschlossen ist, umfasst, enthält gar keine innere Verbindung mit dem Vorderbau und ist mit einem Plattdache von Asphalt gedeckt, das als geräumige *Terrasse* durch das mit meinem Schreibzimmer verbundene Kabinettchen betreten werden kann und über den Wipfeln der nahen Obstbäume ein herrliches Panorama zwischen den Höhepunkten vom Rigi, Pilatus und Wallenstöcken darbietet und eine mannigfaltige Szenerie von Tal und Hügel, Berg und See mit dem malerischen Hintergrunde des freundlichen Schwyz entfaltet.

Wie aus den Akten erhellt, stand auf dieser Speichermatt noch vor ungefähr 300 Jahren ein Wohnhaus, dessen Platz man aber nicht mehr erkennt.

Schicksale meiner Familienvorgänger

Deren Geschicke waren meines Wissens früher von keinen auffallenden Ereignissen begleitet, bis die französische Revolution in das stille Ländchen und in mein großväterliches Haus nicht am wenigsten Bewegung brachte.

Schon während der letzten Lebensjahre meines kränklichen *Großvaters*, der bei seinem, wenige Jahre vor dem

Überfall erfolgten Tode zwei Söhne und vier Töchter hinterließ, griff seine *Ehehälfte* (*Veronika Gut*, siehe oben), eine Person, deren männlicher Charakter aus jedem Zug ihrer ernsten Miene schaute, nicht bloß mit kräftigem Arme ein in die Haus- und Landwirtschaft, sondern trat auch mit seltenem Eifer und großer Aufopferung als eine Frau von altem Schrot und Korn den Neuerungen der Revolution entgegen. Sie ratschlagte nicht nur im eigenen Kreise der Landsleute, sondern sie hatte auch ihre Vertrauten in Uri und Schwyz, mit denen sie mittels Eilboten in lebhaften Verkehr stand, und ihr Haus war es, wo die Vaterländischen nicht selten mit beißendem Spott gegen die Franzosen gesalzene Lieder vom »Emmeter Dorle«, der damaligen Volkssängerin und ihrer intimen Freundin, in passender Weise ihren Kindern vorsangen und die von da in den Mund des Volkes übergingen. Da ihr Freier mehr ihret- als seinetwegen im Kriegsrate saß, hatte sie auch da einen Vertreter ihrer Meinung zum äußersten Widerstande, welchen Kriegsentschluss sie noch sechs Tage vor dem Überfall mit dem letzten Darlehen von 600 Gulden unterstützte, wofür der ganze Kriegsrat ihr »das ganze Land als Bürge und Zahler« in feierlicher Obligation angewiesen hatte, deren Erfüllung unterblieb. Der schreckliche Tag, der am 9. September 1798 über Nidwalden losbrach, hatte auch sie schwer getroffen.

Das Erste, was sie vom Beginn des Kampfes erfahren, war die Todesnachricht von ihrem älteren Sohn, der mit 18 Jahren, von der Begeisterung seiner Mutter hingerissen, als Freiwilliger zur Verteidigung des Ufers nach Kehrsiten geeilt war, und als erster im blutigen Kampfe fiel. Sie selbst, im Glauben fest, der Sieg müsse dem Lande werden, mochte, vor der Flucht bis zum letzten Augenblick sich sträubend, kaum ihr nacktes Leben und das ihrer übrigen Kinder vor dem mit Mord und Brand anstürmenden Feinde zu retten. Hinter ihr loderten Haus und Scheune mit all ihrer Habe in wilder Flamme auf. Und als die ersten Greuel der Kriegsfurie sich gelegt, wartete ihrer das Gefängnis und folgten schwere Kosten und Kriegssteuern, während sie sich mit dem Wiederaufbau von Haus und Scheune beschäftigen sollte. Nicht genug: sie sollte auch des Kelches bitterste Neige trinken und das Schwerste, was ein Mutterherz treffen kann, erleben.

Es waren seit jenem Schreckentage drei Jahre und ein Tag verflossen. Da klopfte es an die Wand des halb ausgebauten Hauses und rief ihr durch die stockfinstere Nacht eine unbekannte Stimme: soeben habe eine sengende Kriegshorde das Land betreten; sie solle sich so schnell wie möglich mit ihren Kindern auf die Flucht machen. Woher diese frevelhafte Lüge kam, konnte man mit Sicherheit nie erfahren. Sie raffte das Nächste zusammen und floh mit ihrer erschrockenen Familie durch das Dunkel der Nacht gegen Engelberg. Mein *Vater*, damals ein fünfzehnjähriger Knabe, lenkte mit dem Begleiter, den sie gefunden hatte, nach Dellenwyl ab, aber sie, ohne sich aufhalten lassen zu wollen, setzte ihre Flucht fort bis über Wolfenschießen, wo sie auf einem schmalen Steg über die Aa setzen wollte, um auf dem jenseitigen Ufer das Haus eines politischen Freundes zu erreichen. Sie ging voran, ihr nach die vier Töchter. Als sie gegen de Mitte des Steges kamen, geriet er in zunehmendes Wanken und, ... kaum daß sie ans jenseitige Ufer gesprungen war, brach er hinter ihr krachend zusammen. Ein nasses Grab umschlang die umsonst nach Hilfe rufenden vier Mädchen, von denen das älteste 19 Jahre zählte. Doch über all diesem Unglück und dem rasenden Mutterschmerz vergaß sie das Vaterland nicht,

und wir finden sie schon im folgenden Jahr wieder mit
aller Tatkraft an der Befreiung desselben vom franzö-
sischem Joche arbeitend, wo sie im Geheimen einen nicht
unwichtigen Waffenhandel führte, ein dazumal sehr
gefährliches Geschäft, und zwar mit so wenig Eigennutz,
daß sie am 21. Oktober 1802 »dem Bauherrn Vonbüren
zu Händen des gesamten Landes für Einkauf benötigter
Gewehre usw.« wiederum ein Darlehen von 318 Gulden
36 Schillinge machte, von denen, laut Obligation, »Hr. K.
Egger 96 Gulden für Eilboten nach Bern, Thun, Glarus,
Uri und Schwyz in Empfang nahm«.
Im folgenden Jahre, als die Rückkehr der alten Zustände
wieder errungen war, schritt sie nach wohlgesetztem Ver-
trage mit dem Kriegsrate M. O. zur zweiten Ehe. Sie
übertrug bald hierauf ihrem einzig noch erhaltenen *Sohn*,
der seit dem Überfall meistens allein die Landwirtschaft
zu besorgen hatte, das Heimwesen mit den neu erstellten
Gebäuden und zog sich in den nahen Flecken Stans
zurück, wo sie sich anno 1815 unter ernsten Verfas-
sungsentwürfen eines Separat-Bundes für die drei
Urkantone noch einmal mit aller Kraft gegen den Eintritt
in den »Züribund« (Bundesvertrag von 1815) wehrte.
Die schwere Zeit, die über Nidwalden ergangen war,
machte auf den gesunden Verstand meines Vaters, der
sich frühzeitig verehelichte und in glücklicher Ehe zwölf
Kinder zeugte, von denen sieben meist früh starben, nicht
ganz denselben Eindruck wie auf seine Mutter, und man
zählte ihn, als die dreißiger Jahre wieder politische
Parteien hervorriefen, zu den wenigen Liberalen dieses
Ländchens. In diesem Geiste war auch die Familie
erzogen. Die Erlebnisse aus den Revolutionsjahren boten
häufigen Stoff zu den Unterhaltungen im Abendkreise
der Familie, oder wenn die Nachbarn »z hand« (zu
Besuch) kamen, wo wir Kinder immer aufmerksame

Zuhörer waren. Bei recht guter Laune, die bei meinem fröhlichen Vater nicht selten war, sang er mit wohlklingender Stimme ein vaterländisches Lied, das er weiland vom Emmeter Dorle zur Freude seiner Mutter gelernt hatte. Von Gespenstergeschichten hörte man wenig. Das einzige, was mir noch hell in Erinnerung schwebt, ist die Erzählung einer alten Dame im nachbarlichen Zelgerhause, die uns versicherte, daß lange Jahre jeweilen bei Festessen im Speisesaal des Hauses, welches, wie oben erwähnt, die Familie dann später an meinen Urgroßvater verkaufte, ein dienstbarer Geist in unförmlicher Gestalt den Tisch gedeckt habe. Sie schilderte uns denselben, den sie gar oft gesehen, und seine Verrichtungen so präzis und mit einer solchen Gewißheit, daß wir uns nie getrauen mochten, wenigstens laut, einige Zweifel in ihre Behauptung zu setzen. Wie alle Mitglieder dieser Familie, die ihre Erzählung bestätigten, war es eine Person von hellem Verstande. Bei Anlass einer Primizfeier habe dieser Geist seine Verrichtungen zum letzten Mal vorgenommen. Trotz ihrer Bestimmtheit konnte ich einen leisen Zweifel als Kind schon nicht unterdrücken.

Im Jahre 1829, da ich bereits das Gymnasium betreten hatte, schloss meine Großmutter ihr vielbewegtes Leben als eine allgemein geachtete, gerechte, mildtätige und fromme Frau. Da ihre zweite Ehe kinderlos geblieben, waren wir Kinder von ihr mit echt großmütterlicher Liebe behandelt, obwohl sie den Ernst auf ihrem vollen, markanten Gesicht auch im wohlwollendsten Augenblick nicht verleugnen konnte. Sie trug sich unveränderlich bis zu ihrem Tode in echter alter Nationaltracht. Nicht minder gewogen war uns ihr, an die Stelle unseres Großvaters getretener Gemahl, der ihr bald ins Jenseits folgte. Im Jahre 1845 starb mein unvergesslicher Vater, ein Mann von hellem Geist und tiefem Gemüt. Wer ihn kennenlernte, musste ihn schätzen und lieben, woher es kam, daß er trotz seiner verpönten politischen Gesinnung mit den wichtigsten Verwaltungen der Gemeinde Stans betraut wurde.

Eigene Schicksale

Als einzigem Sohn fiel mir sein Heimwesen zu. Neben Führung der Landwirtschaft lebte ich jetzt fortan der, seit meiner Rückkehr von der Universität 1841 angetretenen Rechtspraxis, und trotz der je nach den Zeitverhältnissen mehr oder minder schroffen Oppositionsstellung zum Sonderbunde und seinen Trägern, gewann mir ein offenes Auftreten in Wort und Schrift stets ein anerkennendes Zutrauen des Volkes, das mehr als einmal bei Landsgemeinden mein Wort, selbst gegenüber dem Einmut der gnädigen Herren und Oberen, mit Kraft unterstützte und im Oktober 1857 mir das Mandat als Mitglied in den schweizerischen Nationalrat übertrug, was das geringe Wohlwollen meiner hochgestellten Gegner nicht eben mehrte. Gewohnt aber, festzuhalten an meiner Überzeugung, ließ ich mich nie, weder durch Missfallen noch Hohn abhalten, selbe wie bei öffentlichen Anlässen, so in dem von mir anno 1844 gegründeten, nach baldiger gewaltsamer Unterdrückung anno 1848 wieder erstandenen und jahrelang redigierten freisinnigen Nidwaldner Wochenblatte auch unverhohlen auszusprechen. Und geschah es mitunter etwas scharf, persönlich war ich deshalb keinem feind!

War im Allgemeinen diese Bahn meines öffentlichen Lebens eine dornige, so blieb sie doch nicht leer an Rosen. Auf dem Gebiet des Rechtslebens sah ich, unter tätiger Mitwirkung, eine meiner früh schon gefassten Lieblingsideen für ein humaneres Strafverfahren, namentlich für Verwerfung der Todesstrafe, in einem so schweren Falle sich verwirklichen, daß die Vollstreckung desselben für die Zukunft im Kanton Nidwalden zur moralischen Unmöglichkeit geworden; und auf dem Gebiet des politisch-sozialen Lebens sah ich mit unvergleichlicher Freude in dem schwer errungenen, mächtigen sozialen Verbrüderungsfeste der Schützen wieder eine Scheidewand der Vorurteile fallen zwischen den Urkantonen und der übrigen Schweiz.

In meinem Hause blühten mir sieben gesunde Kinder, vier Knaben und drei Mädchen auf. Daß ich gerne im Familienkreise verweilte, erwähne ich zum Beweise meines häuslichen Glücks. Der Aberglaube war in unserem Hause wie von jeher ein verpöntes Ding, und ich darf behaupten, daß kaum eine Familie mit weniger Gespensterfurcht auferzogen worden als die meine. Deshalb nannte ich es eine Ironie des Schicksals, daß gerade da so unerklärliche Erscheinungen auftraten, wo sie auf den hartnäckigsten Unglauben stoßen mussten.

Die unerklärlichen Erscheinungen

Herbst 1860

Die erste Wahrnehmung, an die wir uns erst seither gegenseitig erinnert haben, weil wir sie damals unbeachtet ließen, wollte um den Anfang des Herbstes 1860 unsere damalige *Dienstmagd* gemacht haben. Diese erzählte uns eines Morgens, daß sie die letzte Nacht (sie schlief im Zimmer über der Kammer) ein deutliches Klopfen an ihrer Bettstätte gehört und gefühlt habe. Sie hielt unzweifelhaft dafür, es habe sich ihr jemand »gekündet« und werde nun wahrscheinlich im Hause selbst bald eines sterben. Diesen Aberglauben ihr verweisend, befahl ich ihr streng, fürderhin dergleichen bei sich zu behalten und schrieb das Klopfen einer Sinnestäuschung zu, was sie sich aber durchaus nicht wollte einreden lassen; sie habe sich gar zu bestimmt davon überzeugt. Und so war die Sache bald wieder vergessen, zumal alles gesund blieb.

Einige Wochen später, als ich von einem Geschäfte, das ich auswärts zu besorgen hatte, nach Hause kam, erzählte mir meine *Frau* daß ihr und der zweitältesten Tochter *Melanie* letzte Nacht etwas Sonderbares begegnet sei. Nachdem sie sich in der Kammer zu Bette gelegt, hätte sie beide nach einiger Zeit ein rasches Klopfen auf dem neben dem Bette stehenden Tisch aufgeweckt und beide hätten sich ängstlich gefragt, was da in tiefer Nacht wohl klopfe. Während sie ihre Vermutungen darüber austauschten, begann es wieder zu klopfen, etwa 10 bis 15 rasche Schläge, die anfänglich stark, gegen das Ende immer schwächer wurden. Ihre Verwunderung habe sich bis zur Angst gesteigert, wobei sie nochmals zu klopfen aufforderten, wenn es etwas zu bedeuten habe, worauf sich dasselbe in gleicher Weise wiederholte. Sie hätten sich jetzt beide sehr gefürchtet und mit schwerer Angst dem Morgen entgegengeharrt. Sie ihrerseits sei nun doch geneigt, ein »Kunden« anzunehmen, worin sie eine nach wenigen Tagen eingetroffene Botschaft von Tod einer Freundin bestärkte. Ich glaubte die Ursache sicherer in der komplizierten Konstruktion des Tisches, etwa im Losspringen einer Leiste zu finden, indem ich nicht begreifen wollte, wie ein körperloses Wesen klopfen könne.

1861

Eine auffallendere Tatsache begegnete um den Anfang Juni 1861 meinem zweitjüngsten, damals neun Jahre alten robusten und furchtlosen Knaben *Oskar*. Dieser kam eines Abends in das auf dem dritten Wohnboden liegende Küchenstüblein, damals als Holzbehälter benutzt. Da er nach einer Weile zum Nachtessen nicht erschien, wurde er aufgesucht und endlich in der Holzkammer gefunden, wo er wie leblos über der Beige in tiefster Ohnmacht lag; es dauerte eine lange Weile, bis er wieder zur Besinnung zurückgebracht werden konnte. Nach einigen Stunden, wie er der Sprache wieder mächtig geworden war, erzählte er uns, wie wir nach der Ursache des Unfalles forschten, daß kurz nachdem er in diese Holzkammer getreten sei, es dreimal an die Türe geklopft habe. Dieses habe er wenig beachtet, da sei plötzlich die Türe aufgefahren und eine weißliche, unförmige Gestalt hereingekommen, worauf ihm Sehen und Hören vergangen sei. Ich erklärte mir den Vorgang als eine Imagination, die infolge des furchterregenden Klopfens, welches irgendeine ganz natürliche Ursache haben könne, entstanden wäre, und es wurde darüber, zumal der Knabe bald wieder hergestellt war, ohne weiteres Nachdenken hinweggegangen.

Ungefähr um dieselbe Zeit, vielleicht schon etwas früher, beklagten sich die *Knaben*, die im Zimmer über den Wohnstuben schliefen, sie hörten oftmalen zur Nachtzeit ein Geräusch, als ob etwas im Saale oder auf der Diele umherginge und an den Boden klopfe, und ich erinnerte mich später, daß sie mich einmal am hellen Tage in ihr Schlafzimmer riefen, um selbst zu vernehmen, wie es oben so sonderbar klopfe. Und wirklich hörte ich etwas wie von einem Hunde, der sich kratzend mit dem Bein auf den Boden schlägt, über mir auf den Saalboden poppern, worauf ich hinaufging, die Türe aber geschlossen fand und nach deren Öffnung weder im Saale noch sonst die Ursache entdecken konnte. Ich beschwichtigte die Knaben damit, daß dieses zweifelsohne von einer Katze, Ratte oder einem Vogel in der Dachkammer herrühre; diese Unruhe ist dann in der Folge noch oft wahrgenommen, aber nicht weiter beachtet worden. Überhaupt achtete ich bei der festen Ansicht, daß sich dergleichen Poltereien auf einen ganz natürlichen Grund müssten zurückführen lassen, derselben so wenig, daß ich erst, als die Vehemenz sich wieder in leises Klopfen verloren hatte, mich erinnerte, dieses letztere schon lange, vielleicht schon über zwei Jahre, häufig am Tage auch in meinem Schreibzimmer gehört zu haben.

Noch etwas später gegen den Herbst hin beklagte sich die Dienstmagd, daß sie sich des Abends in der Küche fürchte, da sie gar oft, wenn sie oben an der Stiege die Schuhe putze, unten im Dunkel der Hütte sonderbare graue Gestalten zu sehen meine, von denen eine sogar in ihre Nähe gekommen und dann verschwunden sei. Eines Morgens behauptete sie, es sei in der vergangenen Nacht jemand die Stiege heraufgegangen, an ihrem Zimmer (über der Kammer) vorübergegangen und habe die Stiege nach dem Saal angetreten. Von dort sei ihr Name mehrmals deutlich gerufen worden. Dann sei es dreimal diese Stiege hinaufgegangen und endlich in den Saal getreten, wo sie die längste Zeit ein tieferschütterndes Schluchzen gehört habe. Meine Frau, der sie es mitteilte, gebot ihr, von solchen imaginären Dingen ja nichts den Kindern mitzuteilen; ich hielt sie für eine abergläubische Person.

Kurz danach, noch im August, befand sich meine jüngste Tochter *Henricke*, damals zirka 11 Jahre alt, an einem heiteren Vormittage allein im Zimmer über der Stube. Sich eifrig auf das bevorstehende Schulexamen vorbereitend, las sie, an ein offenes Fenster rückwärts angelehnt, in ihrem Schulbuch. Auf einmal über dasselbe wegschauend, sah sie ein freundliches, halbangekleidetes Kind auf sie zukommen. Dasselbe im ersten Moment für ihr Brüderchen haltend, habe sie es ganz ohne Furcht betrachtet, worauf es sich aber gleich verändert hätte und dann plötzlich in ihrer Nähe verschwunden sei. Erst jetzt habe sie die Furcht gepackt, und sie sei ängstlich aus dem Zimmer gelaufen. Mir wurde diese Erscheinung erst nach einigen Tagen entdeckt, als ich nach der Ursache forschte, warum sie nicht allein mehr in das obere Zimmer gehen wolle. Mit der Behauptung, daß es bloß Einbildung gewesen sei, gelang es mir, diese Furcht allmählich wieder zu bannen.

Entschlossen, fürderhin das Hauswesen durch die eigene Familie besorgen zu lassen, wurde im Oktober an die Stelle der entlassenen Dienstmagd nur ein Mädchen von zirka 13 Jahren gestellt, zu den niederen Verrichtungen im Hause.

1862

Von da an bis gegen den Sommer 1862 erinnerten wir uns nicht, irgendetwas Auffallendes bemerkt zu haben. Jetzt aber sagten mir die zwei *Knaben*, die im Gartenzimmer schliefen, sie hörten gar oft an der Wand ein starkes Kratzen; auch wollte man oben im Hause während der Nacht ein deutliches Umhergehen wie von einem schweren Hunde wahrgenommen und am Zimmerboden und Wänden da und dort Klopfen gehört haben. Meiner fortwährenden Beschwichtigung, daß das gewiss etwas ganz Natürliches sei, gelang es, die Furcht von den Kindern fernzuhalten bis zu

Maria Himmelfahrt (15. August)

Ich hatte in Luzern Geschäfte und reiste mit meiner Frau und meinem ältesten Sohne *Robert* etwa um 7 Uhr morgens dorthin ab. Da am gleichen Tage die eidgenössische Offiziersfahne auf ihrer Reise nach Bern die Nidwaldsche Grenzmarke bei Beckenried berühren sollte, wollte ich als Mitglied des Zentralkomitees vom Eidgenössischen Schützenverein bei der vorbereitenden Begrüßung nicht fehlen und begab mich deshalb nachmittags per Dampfboot dorthin, während Frau und Sohn auf die letzte Retourfahrt nach Stansstaad, wo *Robert* über Nacht blieb, warteten. Meine Frau kam zirka 8.30 Uhr, ich viel später, da schon alles in Ruhe lag, von Beckenried nach Hause. Am folgenden Morgen wollten mir die Kinder von sonderbaren Erscheinungen erzählen, von denen sie gestern den ganzen Tag über erschreckt und geängstigt worden seien. Ohne sie indessen abzuhören, verwies ich ihnen ihre abergläubische Furcht unter ernstester Hinweisung auf die Rute, sofern wieder ein Wort von solchen Albernheiten über ihre Zunge käme. Mit der halblauten Klage, daß der Vater auch gar nichts glauben wolle, zogen sie sich zögernd zurück. Von da an wurde vor mir nichts mehr dergleichen erwähnt und erst, als ich mich an den folgenden Tagen selbst überzeugen musste, nahm ich über die Begebnisse dieses Tages folgendes möglichst genaues Verbal auf:

Im Laufe des Vormittags, als sich die *Melanie*, zirka 14 Jahre alt, mit dem *Dienstmädchen* augenblicklich allein befand, erwähnte sie, die *Henricka* (ihre jüngste Schwester) wolle schon oftmals beim Abtritte an die Hauswand sonderbar klopfen gehört haben, worauf beide sich dahin begaben, Henricka, die in der Nähe weilte, kam ebenfalls herbei und bekräftigte diese Behauptung. Die *Melanie* aber, da sie nichts wahrnahmen, wollte nicht daran glauben und ermannte sich, in auffallendem Tone zu rufen: »In Gottes Namen, wenn es etwas ist, so soll es kommen und klopfen!« Und ... sofort fing es an zu klopfen wie mit einem Fingerknöchel. *Oskar*, dem bald hierauf, in den Hausgang tretend, die Mär mitgeteilt wurde, war gleich bei der Hand, dieselbe Aufforderung zu wiederholen, worauf es abermals sogleich und mit demselben Klopfen antwortete. Dies Wunder, alsbald dem älteren Bruder Eduard hinterbracht, veranlasste diesen, rasch herbeieilend, zur selben Aufforderung und ... zum dritten Male gab es auch ihm die gleiche Antwort. Jetzt überkam alle Furcht und sie flohen kopfüber aus dem Hause. Unten auf der steinernen Treppe ange-kommen, wo sie sich setzten, fuhr plötzlich zwischen *Melanie* und dem ganz nahe neben ihr stehenden jüngsten Knaben *Alfred* ein ovaler, ungefähr faustgroßer Kie-selstein vom Haus oben herunter auf den Boden, ohne das eine oder andere schmerzlich zu berühren. Nachdem sie sich vom ersten Schrecken erholt und gegenseitig wieder ermutigt hatten, kehrten sie nach einer Weile, um das Mittagessen zu rüsten, ins Haus zurück. Hier fanden sie Stube und Kammer und in ihnen alle kleinen und großen Schranktüren weit offen. Sie schlossen alles zu und wollten sich in die Küche begeben, wo sie die

Wahrnehmung machten, daß auch die Tür meines Schlafzimmers offenstehe. Sie schlossen diese ebenfalls zu und zogen den Schlüssel ab; sie stand aber bald wieder weit offen. Um sich zu überzeugen, ob dieses vielleicht der Luftzug vermochte, schlossen sie erst die Fenster und zogen dann die Türe fest ins Schloss, stellten sich hierauf eine Weile bei der Haustüre auf, um zu beobachten, ob und wie sie sich wieder öffnen würde. Umsonst. Kaum weg, stand die Türe wieder weit offen, sie schlossen sie nochmals zu. Bald meinten sie, ganz deutlich, die dumpfen Tritte eines über die Stiege Herunter-kommenden zu vernehmen. Da ging wieder die Kammertüre auf. Auch diese schlossen sie und schoben, so gut es gehen wollte, den Nachtriegel vor. Dessen-ungeachtet öffnete sie sich wieder. Wie oben, so wurden jetzt auch hier alle Fenster und dann sämtliche Türen geschlossen. Da es ihnen mehr und mehr unheimlich wurde, verließen sie noch einmal das Haus.

Als die Zeit zum Mittagessen mahnte, kehrte das *Mädchen* zurück in die Küche. Von da in den Hausgang blickend, glaubte sie auf einmal, es hänge jemand von der oberen Ganglehne ein Leintuch von der Stiege herunter, schmal, als wäre es bloß an einem Zipfel gehalten. Näher betrachtet, kam es ihr vor, wie oben abgerundet und mit zwei schwarzen, länglichen Flecken und als ob unten zwei Fußspitzen hervorschauten. Erschrocken rief sie: »Wer ist da draußen?« Und mit einem raschen »Wuh!« war die formlose Gestalt verschwunden, worauf das *Mädchen* leichenblass unter entsetzlichem Schrei aus dem Hause stürzte. Indessen kam die älteste Tochter *Emaline* nach Hause, und die *Magd* ermannte sich nach und nach wieder so weit, daß sie rasch das Essen aus der Küche ins Freie herunter holte. Die Kinder speisten sodann im Garten unter dem Haselnußbaum, einem

Exemplar von seltenem Umfang. Als das *Mädchen* die Geschirre wieder nach der Küche zurückbringen wollte und unter die Haustüre kam, sah und hörte sie, wie die Türen in mein Zimmer, in das Terrassenzimmer und zur Veranda wie in das Gartenzimmer, sowie dessen Fenster und das des Ganges rasch miteinander aufsprangen. Das Aufspringen der beiden Fenster bemerkten auch die Kinder vom Haselnußbaum aus. Nach flüchtigem Spülen des Geschirrs lief das Mädchen wieder aus dem Hause. Nun meistens in der Nähe der Scheune, wo meine Arbeiter mit dem Emd (Grummet) beschäftigt waren, sich aufhaltend, schlichen die Kinder dann und wann gegen das Haus, um zu vernehmen, was da vorgehen möchte; sie hörten fast immer Geräusch, selbst von der 40 bis 50 Schritte entfernten Scheune aus. Die *Magd* und *Eduard* wagten sich einmal bis oben auf die Haussstiege, von wo sie zum Fenster – das, wie zwei untere Stubenfenster, trotzdem, daß sie von innen verriegelt worden, wieder offen stand – in die Stube hineinschauen konnten. Hier sahen sie, wie ein Stuhl von selbst von der Stelle rutschte und sich dann im Nu, die Beine nach oben, herumwarf. Auch die Untenstehenden hörten das Gepolter, und alle sprangen wieder erschrocken davon. Als ein andermal die Gleichen wieder vor dem Hause standen, hörten sie mit deutlich vernehmbarer Stimme, aber mit unausstehlich wehmütigem und tiefächzendem Ausdruck, wie aus einem geöffneten Stubenfenster herabsprechen: *»Wenn au gar niemer umme isch!«*, wobei auf dem »gar« eine besonders tiefe Dehnung lag. In meinem Zimmer wollten die Kinder von der Scheune aus zum wiederholten Male die Bewegung formloser Gestalten bemerkt haben.

Als später *Melanie* an der westlichen Hausecke und Eduard beim Brunnen in der Mitte zwischen Haus und

Scheune standen, behorchten sie eine ganz eigentümliche Musik, wie vom Saale herübertönend. Bei eintöniger Saitenbegleitung wimmerte eine melancholische Stimme ein Lento ganz in der Melodie des Gebetes der Camilla aus »Zampa«: »Gleiches Los« usw. Endlich kam die *Frau meines Mieters*, der mit ihr und drei kleinen Kindern den Anbau des Hauses bewohnte, herbei. Diese ersuchten sie nun, mit ihnen in das Haus zu kommen, um vollends wegzuwaschen. Dort, vor dem Schüttstein, entdeckten sie auf dem Boden, wie aufgegossen, ein schneeweißes Bildchen, das im Umfange eines 20-Rappenstückes einem Totenköpfchen bis aufs kleinste Teilchen so ähnlich sah, wie es von Graveur nicht besser hätte gestochen werden können. Sie hätten es lange und sehr genau betrachtet; die Augenhöhlen waren ziemlich vertieft und von einer Seite etwas bläulich schattiert gewesen, daß es sie von der Seite anzugrinsen schien: ebenso scharf seien das Nasenbein und dessen Öffnungen, sowie die zwei Zähne im Kiefer ausgeprägt gewesen. Was es für eine Masse gewesen, konnten sie nicht erforschen; sie rochen daran, ohne irgendwelchen Geruch wahrzunehmen, während ausgegossenes Un-schlitt stark roch und nicht so weiß war. Das Gebilde sei dann immer dunkler geworden und habe nach und nach Form und Masse verloren. Da sie fortwährend viel Unruhe in den Zimmern hörten, begaben sie sich wieder ins Freie.

Wie sie da unter einem Baume sich zusammengefunden, humpelte eine steinalte *Jungfer* auf sie zu, sich erkundigend, ob das das Haus sei, wo die *Veronika Gut* sel. nach dem Überfall gewohnt habe. Auf die Bejahung und in dem sie ihr Obst anboten, erzählte sie ihnen, daß sie die »Vronegg«, ihre Urgroßmutter, gar wohl gekannt hätt, sie habe auch den vier Schwestern ihres Großvaters, die im Aawasser ertrunken, in der Kappelle St. Joder auf Altzellen »geklenkt« (die Sterbeglocke geläutet). Es sei ihr noch, wie wenn es gestern gewesen wäre, sie und ihr Bruder, dort Sigrist, hätten schon am Abend vorher ein Unglück vermutet. Da sei mit Nachtwerden ein weiß gekleideter Mann mit einem Licht an die Kapelle herangekommen, und sie hätten geglaubt, es wolle jemand »klenken« lassen. Wie ihr Bruder aber hinübergekommen sei, habe er niemand, weder nah noch fern gesehen, und sei darauf schwer krank geworden. Gegen den Morgen habe man ihnen die Trauerbotschaft gebracht, worauf sie die Totenglocke lange geläutet habe. Mit Dank und allerhand guten Wünschen trat sie dann wieder ihren Heimweg an.

Zwischen 4 und 5 Uhr wurde in der »Hütte« Feuer angefacht, um in einem Kessel Wasser zu wärmen; um 7 Uhr feuerte das *Mädchen* auf dem Kochherde an, um das Nachtessen zu bereiten. Plötzlich ward es Licht im Kamin, und hinaufschauend, erblickte sie eine aus dessen Höhe herniederfahrende, zuckerhutförmige Gestalt mit unzähligen blauen Flämmchen, die, in der Erweiterung des Kaminschosses sich zerteilend, mit einem bedeutenden Quantum Wasser den Herd übergoss und das Feuer auslöschte, zu einem Teil aber in den einmündenden Hüttenkamm fiel – im Augenblick, wo *Eduard* drunten in der Hütte mit einem Stabe beschäftigt war, über dem Kessel Ruß loszumachen, um mit diesem in der Glut zu spielen. Der Schrei der *Magd* und dieses Knaben: »Der Kamin brennt!« begegneten sich, als jene und derselbe alsbald auf seinem Rocke und Ärmel wahrnahm, sowie im Kessel und der gelöschten Flamme, daß sich die tausend spitz zulaufenden Flämmchen schon im Wasser aufgelöst hatten. Jetzt war den Hausbewohnern aller Mut entsunken, und meine *Frau* fand sie weinend vor Angst und Schrecken in der vermieteten Wohnung im Anbau des Hauses. Später meldete mir ein *Verwandter in Deutschland*, daß er und seine Familie am gleichen Tage eine ähnliche unerklärbare Erscheinung gehabt hätten. Auf einmal habe es in einem Nebenzimmer zu klopfen begonnen und dieses sich mehrmals wiederholt, und zwar so stark, daß der Hauseigentümer in seine Wohnung kam, um sich nach der Ursache dieser Polterei zu erkundigen. Die genaueste Nachforschung habe aber auf keine Spur einer Ursache geführt. Eine ähnliche Erscheinung soll auch dort noch in anderen Häusern vorgekommen sein. Meine Zurechtweisung, welche ich, wie oben erwähnt, am folgenden Morgen gab, half insoweit, daß in meiner Gegenwart hierüber einstweilen nichts mehr verlautete.

Dienstag, den 19. August

Erst am folgenden Dienstag, wie ich abends nach Hause kam, rief mich meine Frau nach dem Hausgange hinunter, um daselbst zu vernehmen, wie sonderbar es an die Wand klopfe. Etwas unwillig zwar, aber alsbald nachsehend, hörte ich vom Küchenstüblein her an dessen Rückwand ein mehrmaliges Anklopfen von je 10 bis 12 Schlägen eigentümlicher Art, die sich gegen das Ende sehr rasch folgten, ähnlich, wie wenn jemand, mit dem Finger ängstlich an eine Tür klopfend, raschen Einlass begehren würde. Nach kurzen Pausen wiederholte sich dieses mehrmals. Ich suchte und fand, indem ich das Ohr auf die Wand legte, immer genau die Stelle, die übrigens mehrmals änderte. In der Meinung, es müsse das doch irgend etwas Lebendiges, etwa eine Ratte usw. sein, klopfte ich stark an die Wand, um es zu verscheuchen. Statt zu fliehen, gab es mir mehr denn einmal mit demselben Klopfen Antwort, wobei mitunter 1 bis 2 stärkere Schläge wie mit einer Faust folgten. Ich ließ mir eine Kerze geben, ging in das Stüblein und durchsuchte dasselbe mit der größten Genauigkeit, um irgendwelche Spur dieses unruhigen Wesens zu entdecken, das während meiner Arbeit das Klopfen in derselben Weise fortsetzte; mein Untersuchung blieb ohne Resultat. Genauer und länger aufhorchend, nahm ich jetzt das Klopfen auch von anderen Stellen des Hausganges wahr. Hartnäckig auf meiner Meinung, es müsse sich die Ursache unfehlbar herausfinden lassen, vertröstete ich meine Familie auf die Hausdurchsuchung, die ich den kommenden Morgen vornehmen würde... Nach dem Nachtessen holte ich aus meiner Büchersammlung Zschokkes »Familien-Andachtsbuch« und schlug das Kapitel auf: »Gewalt des Aberglaubens«, um durch diese Vorlesung meine geängstigte Familie zu beschwichtigen. Da begann es alsbald auf dem Stubenboden in ähnlicher Weise zu klopfen, was meine Vorlesung, in der ich umsonst nach einer recht entschiedenen Kraftstelle suchte, häufig unterbrach; hie und da folgte ein stärkerer Schlag, wobei meine Kinder die Bemerkung nicht unterdrücken konnten, ob das auch eine Ratte wäre. Endlich klopfte es (zum ersten Male) an der Stubentür, als ob jemand Eintritt verlangte.

Meine stille Vermutung, daß mir jemand einen Spuk machte, suchte ich durch verstärkte Motive zu unterstützen, und darüber aufgebracht, nahm ich eine Kerze, versah mich mit einem scharfen Stilet und begab mich ins Erdgeschoss, wo ich alle die mir wohlbekannten Räume, besonders den unter der Stube liegenden Keller, sowie alle darin befindlichen Gefäße mit aller Genauigkeit untersuchte. Während dieser Untersuchung klopfte es über mir, ohne daß ich eine Ursache bemerken konnte.

Diese Untersuchung nahm ich wiederholt vor, mit und ohne Licht, mich ganz leise hinschleichend; konnte aber außer dem Laut des Klopfens im geringsten nichts wahrnehmen. Wie es wieder etwas ruhiger geworden, empfahl ich meinen Kindern das Gebet und schickte sie zur Ruhe. Die ältesten zwei Knaben, *Robert* und *Eduard* gingen in ihr Schlafzimmer über der Stube, die *übrigen Kinder* begaben sich sämtlich, da sie sich fürchteten, in die Kammer, wo die *Magd* sie bewachen sollte. Meine *Frau* und *ich* begaben uns in ein oberes Schlafgemach, woselbst, kaum angekommen, ich auf ein ängstliches Geschrei aus der Kammer wieder hinuntersprang, wo mir die Kinder klagten, daß es stark an ihrer Bettlade gepoltert habe. Mit Ausnahme der beiden ältesten Knaben, die eingeschlafen waren, befand sich nun die sämtliche Familie in der Kammer. Da wieder eine Pause eingetreten, legte ich mich auf den Rand des Bettes. Da begann es an der westlichen Ecke der Kammer zu poppern, kam immer näher und stieß sodann mit starken, stumpfen Schlägen an das Fußbrett meiner Bettstätte, und bald darauf auf den in meiner unmittelbaren Nähe stehenden Stuhl. Ich ließ rasch ein Licht machen, zündete im Zimmer unter die Betten, umsonst, und fand beide Türen geschlossen, sowie die Fensterladen. Nachdem wiederum eine längere Pause eingetreten, ließ ich die Kerze noch einmal auslöschen und setzte mich an das Fußbrett der Bettstätte. Nach einiger Zeit wiederholte sich das vorige Poppern an der Wand, und die Stöße an das mit der Linken erfasste Fußbrett waren so stark, daß dasselbe mit der ganzen Bettstätte heftig erbebte, ohne daß ich weiter etwas fühlen konnte als ein leises Streichen über dem Zeigefinger meiner linken Hand. Dasselbe Poltern wiederholte sich nochmals, während die Kerze brannte, ohne daß ich etwas sehen konnte. Endlich, es mochte gegen Mitternacht gehen, ward es ruhiger, und ich schlief nach und nach ein.

Mittwoch, den 20 August

Schon um 6 Uhr fing es wieder an zu poltern, bald da, bald dort. Bald schlug es von unten an die Stubentüre, 2 bis 3 rasche Schläge, wie mittels eines schweren Holzhammers, gewöhnlich folgte dann ein heftiges Anklopfen an die Stubentüre, an die in die Küche gehende Kammertüre, an die Küchenstübleintüre und da und dort oben im Hause nach kurzen Zwischenräumen. Das Anklopfen an die Zimmertüren endete bisweilen mit starken Schlägen. Mit aller Begierde nach Aufschluss ging ich jetzt an die Hausuntersuchung. Geboren in diesem Hause 1818, als neugieriges Kind bei allen Reparaturen, und mit Ausnahme meiner Studienjahre stetsfort darin wohnend, war mir buchstäblich genommen kein fingerbreites Plätzchen unbekannt. Trotzdem blieb meine sorgfältige Durchsuchung ohne Resultat und ohne Auffindung irgendwelchen verdächtigen Anzeichens. Unterdessen setzte sich die Polterei bald da, bald dort, bald oben, bald unten im Hause in sich steigernder Weise fort.
Meine Untersuchung beschränkte sich jetzt auf die Erscheinung selbst, die sich besonders an der Stuben- und unteren Kammertüre und am Boden dieser Zimmer nach kurzen Zwischenräumen immer heftiger kundtat. Bald legte ich meine Hand von innen, bald von außen auf die Stelle der Tür, wo die Schläge, mitten auf der oberen Hälfte, von außen her wahrnehmbar waren, ohne an der Hand selbst etwas, auch nur einen Zug oder Druck der Luft zu verspüren. Fasste auch die halboffene Türe fest, um sie von beiden Seiten zu beobachten; das Klopfen

wiederholte sich ohne eine Gewahrung einer Ursache. Ich stellte mich von außen auf, während meine Leute von innen beobachteten. Lange umsonst. Endlich, da es so gewaltige Schläge an die in der Küche gehende Kammertüre warf, daß dieselbe, schwach von Tannenholz, wie sie ist, sichtlich vom Druck des Schlages sich jedesmal nach innen bog; stellte ich mich, es mochte etwa um 10 Uhr vormittags sein, in der Kammer unmittelbar beim Schlosse auf und schob den Nachtriegel bei ausgehobener Falle leise zurück, sodaß die Tür nur leicht in den Falz gedrückt blieb. Meine *Frau* stand mit einem *Knaben* etwa 22 Schritte hinter mir, so, daß sie, wenn die Tür aufging, auf das Küchenfenster als Hintergrund blickte, während ich dann nur die dunkle Küchenwand vor mir hatte. Nach kurzer Weile traf ein so kräftiger Schlag die Tür, daß sie auffliegend zurück an die Wand fuhr. In diesem Augenblick sah ich mit vollster Gewissheit etwas Dunkles, ohne daß ich dessen Gestalt auf dem ungünstigen Grunde genauer bezeichnen konnte, blitzschnell von der Tür weg auf die Seite des Kamins zucken. Bevor ich jedoch, schnell nachhuschend, ein Wort sprechen konnte, riefen Frau und Knabe, daß sie jetzt ganz deutlich einen dunkelbraunen, halben Armknochen von der Tür zurückfahren gesehen hatten, und ihre Behauptungen waren so rasch und gleichzeitig, daß ich nicht zweifeln durfte, daß dies Bild ihnen vorgeschwebt habe. Die Kraft meines sonst immer bereiten Bibelspruches: »spiritus carnem et ossa non habet ...« war gelähmt. Ich ermangelte nicht, eine möglichst genaue Durchsuchung der Kamine anzustellen, fand aber dieselben leer und weder irgendwelche Spur von heruntergefallenem Ruß, noch andere Merkmale.
Ich ließ endlich meine *älteste Schwester* rufen, um zu erfahren, ob vielleicht früher, was meines Wissens nicht

wäre, Ähnliches im Hause vorgekommen. Mit Schrecken die Phänomene wahrnehmend, erklärte sie mir, daß sie gar nie von dergleichen etwas gehört habe. Das *Dienstmädchen*, das indessen seine Verrichtungen in der Küche hatte, floh zum öfteren Male in die Stube. Einmal behauptete sie, sie hätte soeben ganz deutlich jemanden über die Stiege herunterkommen und dreimal ganz tief aufächzen hören: »Erbarmet Euch meiner!«. Wie sie aber nachgeschaut, habe sie niemanden sehen können. Bald darauf behauptete sie wieder, ein durchsichtiges, graues Wölkchen gesehen zu habe, wie es durch das teilweise offene Küchenfenster hereingeschwebt und in leichten Schwingungen gegen die Kammertüre gefahren sei, wo es dann stark geklopft habe. Indessen war auch die *Frau unseres Mieters herbeigekommen*. In diesem Kreise, während ich meine Untersuchung fortsetzte, wobei es nach kurzen Pausen immer stärker bald an den Zimmerboden herauf, bald an die Türen pochte, wurde man immer ängstlicher und bat mich, da Herr Kommissarius *Niederberger* eben abwesend war, den Herrn *Pater Guardian* davon in Kenntnis setzen zu dürfen. Ich ließ das um so eher geschehen, da ich den bejahrten Mann sowohl von seltener wissenschaftlicher Bildung als von reichen Erfahrungen und nichts weniger als mystischen Schwärmer kannte.

Nachmittags hatte der *Pater* die Güte, der Einladung zu folgen. Ich erzählte ihm den ganzen Hergang, worauf er bemerkte, daß ihm während seinem Leben nie dergleichen vorgekommen sei. Er nahm bei längerem Verweilen die Phänomene mit aller Aufmerksamkeit nun auch selbst wahr, ohne dieses Problem irgendwie lösen zu können. Es wäre sehr zu wünschen, meinte er, daß die Sache durch sachkundige Männer genau untersucht und experimentiert würde, wofür er eben nicht Fachmann sei.

Damit aber der Lärm nicht ins Publikum dringe, sei dies nur äußerst behutsam vorzunehmen und der Familie alle Schweigsamkeit zu empfehlen. Nach dem üblichen Haussegen verließ er das Haus. Gegen Abend stellte sich die Polterei wieder heftiger ein und hörte erst gegen 10 Uhr auf.

Was ich, nebst einem bestaubten Kollegienheft, von Prof. Sieber in München über Experimentalphysik, in meiner Bibliothek noch vorfinden konnte, wurde nachgeschlagen, ohne einen passenden Schlüssel zu diesem Rätsel zu finden. Indessen hoffte ich immer noch auf einen stillen Verlauf dieser Phänomene.

Donnerstag, den 21. August

Das Poltern trat früh morgens in höherem Grade auf und wiederholte sich des Vormittags in kurzen Pausen. Die Lage wurde immer peinlicher. Eine Beruhigung in die ängstlichen Gemüter zu bringen war mir nicht mehr möglich, und wenn jetzt über jedem neuen heftigeren Schlag die ganze Familie zitternd in vermehrte Angst geriet, musste ich mit Grund bei längerem Verweilen die übelsten Folgen befürchten. Auf der nahen Landstraße bemerkte ich, wie sich die *Leute* zusammenstellten und sich gegenseitig auf den Lärm in meinem Hause aufmerksam machten. Während der Anwesenheit eines Mannes, der mich zu einer Markterneuerung auf den folgenden Tag einzuladen kam, bemerkte ich, wie sich dessen Hund bei jedesmaligem Klopfen scheu hinter seinen Herrn verkroch, der es für ein Spiel mutwilliger Knaben nahm.

Es war heute Gerichtstag, und weil ich mehrere Geschäfte hatte, konnte ich nicht zurückbleiben. Ehe ich indessen fertig war, kam eines meiner Kinder, mich eiligst nach Hause zu rufen, indem es so fürchterlich rumore, daß sie alle geflohen seien. Ich vollendete schnell und eilte nach Hause. Ich wollte nachsehen und darnach dem Herrn *Landamtmann Kaiser* anzeige machen, der aber leider gerade seine Reise nach England angetreten hatte. Zuhause angekommen, fand ich meine sämtlichen Hausgenossen im Freien. Ohne Furcht, von der ich in meinem Leben wenig geplagt worden war, trat ich ins Haus, wo sich das Poltern nach Pausen von 3 bis 5 Minuten wiederholte. Die Schläge an den Fußboden waren so heftig, wie von mit aller Kraft starker Arme geschwungenen Holzschlägeln, so daß der Tisch vom Boden aufsprang und die daraufliegenden Gegenstände abzuwerfen drohte. Der Schlag war ganz lokal und eine allgemeine Erschütterung im Hause nicht wahrzunehmen. Die Stubentür, massiv von Nussholz, riss es trotz der ziemlich schweren, tief eingesenkten Falle mittels gewaltigem Rütteln am Schlosse auf, öffnete sie fast zur Hälfte und schlug sie wieder mit größter Vehemenz zu. Mit gleicher Gewalt schlug es von der Küche her an die Kamintüre, so daß ich jeden Augenblick befürchtete, die Türen würden zersplittert in die Zimmer fahren. Die Wände der Stube ließ er indessen unberührt.

In der *Nachbarschaft* erregte dieser Tumult immer mehr Aufmerksamkeit. Ich untersuchte noch einmal mit aller möglichen Fassung die Sache, prüfte den Druck durch Auflegen der Hand auf beiden Seiten der Türe und fühlte auch jetzt nicht den leisesten Luftdruck, während die Kraft der Schläge gleichwie von stärkster Männerfaust die geschlossene Türe zwei bis drei Zoll oben aus dem Falz nach innen schnellte. Wie ich einmal nach der Küche kam, bemerkte ich, daß es an die auf dem Tisch stehenden Bouteille, Gläser und Gefäße wie mit einem metallenen Instrument klopfte. Die Schläge an den verschiedenen Punkten des Hauses folgten sich so rasch, daß es, wollte man den Spuk von Menschen annehmen, wenigsten vier bis fünf Personen bedurft hätte. Von der Besorgnis ergriffen, es möchte bei der gänzlich unbekannten Ursache die unbemessbare Wirkung zur teilweisen, wo nicht gänzlichen Zerstörung der Hauses anwachsen, sandte ich nach meinem alten Hausfreunde, *Altratsherrn H. Zimmermann*, der alsbald erschien und das Gepolter nicht ohne Schrecken wahrnahm. Wir kamen überein, den Herrn *Dr. K. v. Deschwanden* als naturwissenschaftlich gebildeten Mann herbeizurufen. Dieser kam in Begleitung der Herren *Gerichtspräsident Odermatt* und *Richter Schallberger*, während auch *Baumeister Alois Amstad* und *Zeichenlehrer Odermatt* eintrafen, und alle überzeugten sich von dem sonderbaren Gepolter, das mit einbrechender Nacht etwas nachgelassen hatte. Man untersuchte und forschte nach einer physischen Ursache und erging sich in einer Menge von Hypothesen über Vulkanismus, Galvanismus, Elektrizität usw. Man glaubte unter anderem aus der Asphaltdecke der Terrasse eine elektrische Kraft herleiten zu können, aber bei näherer Reflexion fehlten alle Anhaltspunkte zur Erklärung der Entstehung und Beschaffenheit der Erscheinung. Gegen 12 Uhr trennte sich die Gesellschaft ratlos. Indessen war immer größere Ruhe eingetreten, und die übrige Nacht verlief ohne Störung.

Freitag, den 22 August

Die Polterei begann wieder früh morgens. Ich musste mich um 7 Uhr zu einem Markuntergange entfernen und hoffte bald wieder zurückzukehren. Während meiner

Abwesenheit stellten sich die Herren *Gerichtspräsident Odermatt* und *andere Besucher* von gestern Abend ein, um die Erscheinung am Tage wahrzunehmen: die Schläge erfolgten rasch und womöglich noch ungestümer als gestern.. Man stellte Versuche an, namentlich auch über die Luft im Sode des Milchkessels, es stellte sich aber nichts heraus. Ein *Klient K. S.*, der beharrlich auf meine Rückkunft warten wollte, hatte sich in die Stube neben die Tür gesetzt; als es plötzlich so gewaltig an Boden und Türe schlug, fuhr er mit großem Schrecken auf. Er hatte früher einmal Gelegenheit, die Wirkung einer Elektrisiermaschine zu erfahren, weshalb sein Erstes war, sich zu erkundigen, ob eine solche im Hause vorhanden wäre. Mein ältester Sohn *Robert*, der in diesem Monat anwesend war und dem, wie allen anderen, befohlen war, die Sache möglichst geheimzuhalten, ließ S. bei dieser willkommenen Meinung, womit er sich entfernte, auch anderen sein Begegnis mitteilend. So fand sich nach kurzem ein Zweiter A. J. aus der Nachbarschaft ein, um dieselben Wirkungen auch zu erfahren, welchem aber die Sache nicht mehr vertuscht werden konnte. In Gegenwart desselben und der *Frau unseres Mieters* war es auch, als es von der Küche her an der Kammertür so stark pochte, daß der Eisenkloben zum zweiten Male aus dem Pfosten gesprengt und an die gegenüberliegende Wand geschleudert wurde. Als dies geschah, sah meine zweitälteste Tochter *Melanie*, welche aus der Stube nach dieser Türe schaute, vor derselben eine schneeweiße, oben und untern oval abrundende Gestalt in ganzer Türhöhe zurückfahren, welche Erscheinung die *Frau L.* als sie nach wenigen Minuten die Stubentüre öffnete, unter heftigem Gepolter daselbst ebenfalls erblickt haben will.

Indessen kamen nach und nach mehrere Personen, unter ihnen auch Herr *Landeshauptmann Frz. Zelger aus der Nachbarschaft* herbei. Es ward neuerdings untersucht, das Gepolter wahrgenommen und bemerkt, wie die Türen auf- und zugerissen wurden. Auf der Höhe des Vorsprunges am Bürgen, wo ich die Marken meines Waldes zu untergehen hatte, hörte ich deutlich die Schläge. Rasch nach Hause kehrend, traf ich diese Personen teilweise noch an und begab mich nun unverzüglich zur tit. Polizeidirektion, um ihr davon Anzeige zu machen. Herr *Polizeidirektor Jann* kam nun selbst und überzeugte sich persönlich mit aller Umsicht von diesem Vorgang. Nach einiger Zeit traf auch Herr *Dr. Christen* ein und fand bald Gelegenheit, dieses Gepolter wahrzunehmen. Zu dieser Zeit sah mein zweitältester Knabe *Eduard*, als er zur Haustüre hereinkam, in der Küche ein weißes Gebilde, einem winkenden Händchen ähnlich, worauf er bewusstlos niederfiel, nach kurzem wieder aufsprang und blass in die Stube stürzend erzählte, was er soeben erblickt hätte.

Diesen Nachmittag waren der Herr *bischöfl. Kommissarius Niederberger* und zum zweiten Male Herr *Pater Guardian* Augen- und Ohrenzeugen dieser Phänomene. Ersterer untersuchte, selbst in die unteren Gemächer des Hauses sich verfügend, und beobachtete mit großer Aufmerksamkeit bis abends zirka 7 Uhr. Man ließ von unten im Keller an die Diele klopfen, um einen Vergleich anzustellen, welcher ergab, daß da, wo man diese Kraft entwickelte, das Haus erbebte und die Fenster klirrten, was bei dem Poltern, außer der Stelle, wo es traf und deren nächster Umgebung, nicht der Fall war; nebst dem waren der Ton, sowohl wie die Art und Weise der Schläge, anders. Obwohl teilweise immer noch heftig, hatte auf den Nachmittag die Gewalt etwas nachgelassen und trat das Poltern nach längeren Pausen ein. Herr

Kommissarius Niederberger, dem eine gründliche Wissenschaftlichkeit wie scharfe Beobachtungsgabe nicht abgesprochen werden kann, schied abends mit der bestimmt ausgesprochenen Überzeugung, daß diese sonderbare Sache weder bloße Einbildung, noch auch der Spuk von Menschenhand sei. Auch die gründlichste physikalische Nachforschung, wozu er angelegentlich raten würde, werde schwerlich, meinte er, zu einem befriedigenden Resultate führen.

Indessen hatte die *Fama* ihre Runde begonnen, und mit dem erdrückenden Gefühle, die schweren Folgen wohl voraussehend, wie der Besitzer eines Heimwesens den angeschwollenen Gewitterstrom die Dämme durchbrechen und gerade auf seinen Besitz losstürzen sieht, sah ich des Abends die *Masse des Volkes* daherströmen. Während die Stube und der Hausgang voll von Neugierigen waren, tat es u. a. einen Schlag, diesmal nur einen einzigen, aber schweren an die Stubentüre, ähnlich als ob man jemand mit voller Kraft an sie werfen würde. Man hörte spärlicheres, aber noch ziemlich heftiges Klopfen an die Küchenstübleintüre; gegen 8.30 Uhr ward es ruhiger. Herr *Polizeidirektor Jann* ließ durch *zwei Angestellte* das Haus bewachen.

Ich hatte mich in meiner Besorgnis nicht getäuscht. Es finden sich bei uns, wie überall, Leute mit zu viel, andere mit zu wenig und solche mit gar keinem Glauben, was zunächst als eine Frucht des fremden Kriegsdienstes nicht auffallen darf. So hörte der eine, lief mit Schrecken davon, ein anderer forderte den Teufel heraus, einem Dritten spukte die Elektrisiermaschine im Kopf herum, wobei der Umstand, daß mein *Sohn* den *Klienten S.* heute morgen darüber im Glauben gelassen hatte, dieser Ansicht wohl zustatten kam. Da die Begriffe von Elektrisiermaschine und Zauberkunst sich noch nicht in aller

Köpfe aufgeklärt haben, griff man in dieser Mischung auch zur letzteren als Erklärung und fand hierfür einen mächtigen Hebel in folgendem Umstand: Es hatte nämlich um diese Zeit Herr *Schauspieldirektor Schneider* die Erlaubnis erhalten, mit seinen Truppen in Stans einige Vorstellungen zu geben. Da solche Leute noch von einem großen Teil des Volkes als Tausendkünstler, Zigeuner oder Zauberer betrachtet werden, wurden sie nun bald mit der Affäre in Verbindung gebracht, und da man *meinen Sohn* bei einem derselben, namens *Stöbe* aus Baden, einige Male gesehen haben wollte, lag es auf der Hand: Der Knabe hat es dem Zigeuner abgelernt und treibt nun seine Zauberei zum Schrecken der Menschen und zu seiner Belustigung. Ich erwähne dieses einfältige Gerücht hier besonders, da dasselbe später in irgendeinem Lokalblatt Eingang gefunden und dann wie ein Irrlicht durch die Zeitungen landauf, landab gelaufen und mit allerhand Randzeichnungen beim Publikum als Schlüssel zu dem Spuk dargeboten worden ist.

Samstag, den 23. August

Am Samstag hatte die Heftigkeit des Gepolters bedeutend nachgelassen. Es wurden verschiedene Apparate angewandt, um elektrische, magnetische oder vulkanische Ursachen zu entdecken. Herr *Gerichtspräsident Odermatt* hatte die Gefälligkeit, sich selbst nach Luzern zu begeben, um mit Herrn *Professor Ineichen* Rücksprache zu nehmen, der aber leider verreist war. Andere Ansuchen wurden zurückgewiesen. Das Zudrängen der Leute wurde immer größer und beschwerlicher. Die ziemlich spärlichen Erscheinungen des heutigen Tages waren folgende: Um 9 Uhr vormittags riß es mit zuckender Hast die Stubentüre, die in der Falle ruhte, auf und wieder zu und tat bald darauf starke Schläge von innen an die Küchenstübleintür, daß es die Falle weit in die Küche hineinwarf. Einige Minuten hierauf geschah ein schwerer Schlag an den Stubenboden, um 3.03 Uhr zwei Schläge, von denen der Zweite schwächer, an die Stubentüre; desgleichen um 6.10 Uhr. Um 8.45 Uhr riß es in Anwesenheit einer größeren Gesellschaft die in der Falle ruhende Stubentüre auf und zu mit größter Vehemenz; heftige Schläge folgten an der Küchenstübleintüre. Hierauf ward es ruhiger. Etwa nach 12 Uhr begab ich mich in die Kammer zur Ruhe; in der Stube befanden sich drei *Wächter*. Ich hatte mich auf den Rand des Bettes gelegt, erwachte nach einiger Zeit und schaute, den Kopf auf der rechten Hand, in das gegenüberliegende, geschlossene Fenster, dessen einer Flügel von innen mit einem Vorhang, der andere von außen mit einem Jalousieflügel, jedoch mit offenstehenden Brettchen gedeckt war, durch die ich den weißgrauen Wolkenhimmel deutlich schaute. Alles war ruhig. Ich bemerkte deutlich das Schnarchen der schlafenden Wächter in der Stube, wachte hell und war gar nicht aufgeregt. Da fühlte ich ein sanftes Aufkräuseln der Haare meiner linken Schläfe, wie über einen spielenden Finger. In der Meinung, man wolle mich wecken, griff ich mit der linken Hand nach dieser Stelle und erfaßte ein weiches, warmes Händchen und fühlte genau Daumen und Zeigefinger, worauf es sich ganz sanft aus meiner Hand zog und gegen das Fenster zu, wo ich in ganz scharfen Konturen ein dunkles Bild vor den obbemeldeten Jalousieflügelöffnungen langsam sich hin und her bewegen sah. In der Meinung, daß es jemand von meiner Familie sei, rief ich der auf dem Kanapee liegenden *Magd*, worauf mich meine *Frau* ängstlich fragte, ob ich auch etwas um meinen Kopf gefühlt habe, was ich ihr, um sie nicht zu ängstigen, ausweichend beantwortete. Das *Mädchen*, welches erst nach wiederholtem Rufen aus dem Schlaf geweckt werden konnte, schickte sich an, Licht zu machen, um auf meinen Befehl nach der Uhr zu sehen. sie fand in der Stube die *drei Wächter* in tiefstem Schlaf und weckte sie; es war 2.45 Uhr und alles in stillster Ruhe. Sie begab sich wieder in unser Schlafzimmer, löschte das Licht und schrie im Momente, als sie sich wieder auf das Kanapee niederlassen wollte, jammervoll auf, es sei ihr im Augenblick etwas über die Stirne gestrichen, bewege den Vorhang und poppere leise an die Wand, worauf sie in die Stube floh, daselbst Licht machte und den Rest der Nacht dort zubrachte. Meine Frau erzählte mir jetzt, daß sie vorhin, am Kopf sanft berührt, ein mildes Kinderhändchen wahrgenommen, das sich rasch aus ihrer Hand gezogen habe; sie habe sich alsbald vergewissert, daß es nicht die Hand des an ihrer Seite schlafenden Kindes gewesen. Am Morgen erzählte ich sodann, was mir begegnet.

Sonntag, den 24. August

An diesem Tage war es ruhig bis gegen 11 Uhr, wo es in Anwesenheit *mehrerer Nachbarn* an Boden und Türen einige sehr heftige Schläge tat, die sich um 1 Uhr wiederholten, worauf es stille ward bis abends 5.05 Uhr, wo es noch zweimal an die Stubendiele klopfte und dann ruhig blieb. Die wenigen Erscheinungen dieses Tages wurden von sehr *vielen Anwesenden* wahrgenommen. Auf den Abend drängte sich das *Volk* in sehr großen Scharen herbei, in der Meinung, es müßten sich dergleichen Erscheinungen hauptsächlich bei der Nacht zeigen.

Mancher, der stundenlang umsonst wartete, ging
kopfschüttelnd davon: es sei das Ganze ein blinder Lärm,
er habe nichts gehört. Einige starke Geister, die in später
Nacht dem Hause mit schweren Keulen nahten und
umsonst sich in ihrem Exorzismus versuchten, wurden
darüber ganz unwillig. Unter solchen Verhältnissen war
die Hausordnung ganz aufgelöst und die meisten meiner
Kinder hatte ich bereits entfernen müssen. Nur eine
verstärkte Polizeiwache vermochte das Gedränge des
Volkes zurückzuhalten.

Montag, den 25. August

Am Montag traten die Phänomene zwar auch diesmal erst
am Mittag, aber wieder etwas heftiger auf. Um 11.30 Uhr
nahm man an der Küchenstübleinwand das Poppern
wahr, wie es sich anfänglich gezeigt hatte, worauf es drei
bis vier starke dumpfe Schläge an die offene Stubentüre
tat und dann selbe mit Gewalt schloß. Um 1.05 Uhr
schlug es dreimal von unten an die Stubendiele, etwa 40
Minuten später zog es die Küchentüre vom Hausgang
her, wo sie fast immer offen gestanden und bisher in
Ruhe gelassen worden, trotz ihres Widerstandes mit
reißender Schnelligkeit zu. Dasselbe wiederholte sich
wenige Minuten später. Um 3.30 Uhr trafen zwei ziemlich starke Schläge von unten an den Fußboden der Stube
und nach wenigen Minuten ein vier- bis fünfmaliges
hartes Anpochen an die Stubentüre, dem alsbald das
vorige heftige Zuschlagen der Küchentür folgte. Ein
junger *Arzt* von Luzern, der das anhörte, klagte dabei
über starke Hautaffektionen; mir schien es eine Wirkung
des Schreckens. Um 5.45 Uhr trafen noch zwei Schläge
an die Stubendiele und ein nach kurzer Pause

wiederholtes Zuschlagen der Küchentüre schloß etwa
8.30 Uhr die Auftritte des heutigen Tages.

Ich machte meine Notizen in Anwesenheit der *Polizeiwache* und während selbe genau beobachtete. Die
Angelegenheit wurde durch das tit. Polizeiamt dem
heutigen w. w. Wochen-(Regierungs-)rate hinterbracht
mit der Erklärung:

»daß ihr von seiten der Polizei eine Aufmerksamkeit
gezollt und Untersuche veranstaltet worden, daß aber von
seiten der hohen Regierung notwendig eingeschritten
werden sollte, um zu erfahren, ob dieses Klopfen einer
natürlichen Wirkung zuzuschreiben sei oder nicht.«

Die Behörde ernannte eine

Dreierkommission

»welche mit aller Entschiedenheit, Vollmacht und dem
nötigen Kredit versehen, Untersuche anordnen und die
nötigen Verfügungen treffen solle, sofern sich das
Klopfen fortsetzen sollte.« In diese Kommission wurden
gewählt: Herr *Landesstatthalter W. Zelger, Landamtmann L. Würsch* und *Polizeidirektor Jann.* Man hätte nun
erwarten sollen, da der Beschluß schon früh am Tage
gefaßt worden war, es würde von der anbefohlenen
Entschiedenheit unverzüglich Gebrauch gemacht, zumal
die Phänomene fortwährend einberichtet wurden; allein
der Tag verstrich, ohne daß irgendwelche Anstalten zu
einer Untersuchung wären getroffen worden.

Dienstag, den 26. August

Das Poltern begann schon morgens 7.29 Uhr mit zwei Schlägen an die Diele und, nach dem Zwischenraum von neun Minuten, an die Türe der Stube. Der Ton war viel härter als früher, und man nahm denselben nicht mehr oben, sondern ganz untern an der Türe wahr. Nach zwölf Minuten warf es mit Ungestüm die Küchentüre zu. Von da trat eine Pause ein bis 10.07 Uhr, wo es wieder mit kräftigen Schlägen an den Fußboden der Stube, und 11.25 Uhr vier- bis fünfmal rasch und so stark wie seit langem nicht mehr an die wenig offenstehende Stubentüre pochte, dieselbe ungestüm auf- und ebenso rasch in die Falle zuriß, was sofort auch mit der Küchentür geschah; alles ein Werk von zwei bis drei Sekunden. 12.13 Uhr pochte es wieder dreimal an die Stubentür. Nun ruhig bis abends um 8 Uhr, wo sich zwei harte Schläge an die gleiche Türe wiederholten, und solche gleich darauf auch an dem Fußboden der Küche wahrgenommen wurden. Das Zuschlagen der Küchentüre, das etwa nach zwanzig Minuten erfolgte, war die letzte Unruhe, die man heute im Hause wahrgenommen.

Da auf stets ungesäumte Mitteilung des Vorganges an Herrn *Zelger*, Präsident der Untersuchungskommission, von dieser auch heute keinerlei Schritte getan wurden, konnte mein ohnehin schwaches Vertrauen auf eine im Interesse der Wissenschaft liegende Untersuchung von seiten dieser Kommission, mit Ausnahme des tit. *Polizeidirektor Jann*, der sich mehrmals persönlich davon überzeugt und sich daher dieser Sache, leider umsonst, sehr warm angenommen hatte, nicht gestärkt werden. Ich selber war mitten in dieser Kalamität, viel gestört von dem fortwährenden Gedränge der Neugierigen und mit unaufschiebbaren Berufsgeschäften überladen.

Mittwoch, den 27. August

Heute trat das Poltern gegen 9.30 Uhr in ähnlicher Weise
wie gestern auf, nämlich 9.20 Uhr zwei Schläge an den
Boden der Stube, 9.27 Uhr an deren Türe, 9.28 Uhr
Zuwerfen der Küchen- und 9.35 Uhr der Stubentüre auch
diesmal in Anwesenheit vieler Personen. Um 11.35 Uhr
pochte es wieder viermal an die offenstehende Stubentüre, die es nach dem vierten Schlag heftig ins Schloß
warf. Um 12.20 Uhr nahm man ein schwaches Poppern
an der Diele meines Schreibzimmers wahr, fünf Minuten
später riß es die Küchentüre zu, worauf es ruhig blieb bis
2.50 Uhr. Da erfolgte ein zweimaliges hartes Anschlagen
an die Stubentüre, gleich danach ein leises Poppern an
die Küchentüre, worauf es dieselbe so heftig in die Falle
warf, daß man befürchten sollte, daß die Angeln sprin-
gen. Von da an war es still.
Noch hatte die *Regierungskommission* keinerlei Untersuchung angehoben; erst am Abend spät, nachdem man
keine Unruhe mehr verspürt hatte, schien es derselben
geeignet, ihre Vorkehrungen zu beginnen. Nach kurzem
Verhöre wurde ich beauftragt, einen schriftlichen Rapport
über den Hergang abzufassen, was ich ohne weiteres
übernahm, und hierauf, es mochte um 8 Uhr sein, ward
mir befohlen, mit meiner noch anwesenden Familie
unverzüglich das Haus zu verlassen. Ich hatte das zum
Teil noch unverarbeitete Aktenmaterial von vier
Prozessen, die unverschiebbar am folgenden Tag vor dem
Geschworenengericht (Ober- oder Kantonsgericht) ver-
handelt werden mußten, vor mir liegen. Wie ungelegen
mir auch die augenblickliche Entfernung von meinem
Büro und meiner Büchersammlung kam, unterzog ich
mich ohne Weigerung dem Befehl, mit der Überzeugung
zwar, daß, was mir zu finden nicht gelungen, diesen

Herren noch viel weniger gelingen würde. Die bisherige *Polizeiwache* würde abgelöst und eine andere an ihre Stelle gesetzt, mit der man, wie ich nicht zweifle, im Laufe der folgenden Tage das Haus in allen seinen Teilen genau wird untersucht haben, ohne aber etwas, was Verdacht erregen oder nur auf die mindeste Spur dieser außerordentlichen Erscheinung hätte führen können, wahrzunehmen.

Bittere Klage

Die Angelegenheit war nun in ein Stadium getreten, wo sie nicht mehr bloß das Tagesgespräch des kleinen Kantons bleiben, sondern allenthalben über dessen enge Marken hinausdringen und auf das Feld der Publizität gezogen werden mußte. Wer kennt nicht den Hader der tausendzüngigen Fama über irgendein natürliches Ereignis, das sich vor den Augen von Tausenden von Menschen abspielt; um wieviel wirrer muß der Wirrwarr der Meinungen da sein, wo eine mystische Erscheinung nach der Individualität jedes einzelnen ihre Erklärung sucht und bereitwilligst findet, wo sich *Aberglaube* und *Unglaube*, *Übertreibung* und *Verkennung*, *Hypothesen* und *Hypothesen* gegenseitig treiben. Wer das Unglück hat, von einem solchen Ereignis berührt zu werden, der wird schonungslos als Beute diesem rasenden Ungetüm vorgeworfen, und ihn schützt weder Familienglück noch Ansehen und unbefleckter Name vor dem Zahne der wilden Bestie. man füge noch zu die Verhältnisse langjährigen politischen Kampfes und manche tiefgefressene Leidenschaft, die jetzt wie das Ungeziefer nach einem warmen Frühlingsregen ihren Kopf hervorstreckte, um meine Lage zu bemessen. Ich mußte das alles, und

wie rasch das böse Wort Wurzel schlägt, in vollstem
Maße fühlen, wie in engerem Kreise, so im weiteren.
Wer aus diesem Halbkanton hätte mit mehr Recht, zumal
von der liberalen Schweizer Presse, erwarten dürfen als
ich, man würde wenigstens von der Quelle eine Erklärung erwarten, ehe man auf das unsinnigste der Gerüchte,
das unter der blöden Maske der Freisinnigkeit mit dem
bittersten persönlichen Haße und der schmutzigsten
Verdächtigung meine Person bewarf, so gierig den Stein
aufhob, um ihn nach demjenigen zu schleudern, der zur
Verwirklichung zeitgemäß freisinniger Zustände seit
zwanzig Jahren mit größter Aufopferung und unter den
schwierigsten Verhältnissen treu mitgeholfen hatte? Es
wäre das umso leichter gewesen, als man sich nicht an
die Beteiligten selbst, sondern an die intelligentesten
Ehrenmänner, darunter vom besten liberalen Klange, die
Stans besitzt und auf die ich mich öffentlich berief, hätte
halten können. Mit Ausnahme des loyalen »Bund« aber
wurde mir hier das Bitterste zuteil, und griff man, was
selbst meine bittersten Gegner in heißen politischen
Kämpfen nie getan, sogar nach meiner Ehre. Alles das
auf bloße leichtsinnige Gerüchte hin – und warum? Weil
eine unerklärliche Erscheinung in meinem Hause so laut
rumorte, daß ich sie nicht mehr im Geheimen zu halten
vermochte und sich dieselbe vor *Hunderten von Menschen kundtat.* Das war mein Verbrechen. Indessen
würde ich Unrecht tun, nicht zu erwähnen der warmen
Teilnahme, die mir jetzt achtenswerte Männer der einen
wie der anderen politischen Partei schenkten. Im Unglück
lernt man die Menschen kenn. Mancher, dem ich jahrelang als politischer Gegner gegenübergestanden, trat als
Menschenfreund zu mir und erhob selbst gegen seine
Gesinnungsgenossen für meine Ehre das Wort. Aber auch
manch einer, der mir heißblütig in glücklichen Tagen

Weihrauch gestreut, wandte den Stachel gegen mich. Und wie kindisch! Mehr denn ein starker Charakter verleugnete, weil er ein bisschen Spott seiner Leichtgläubigkeit wegen fürchtete, das, wovon er sich mit Schrecken selbst überzeugt hatte.

Montag, den 1. September

Verhalten der Kommission

Indessen hieß es, das Gepolter habe sich nicht mehr hören lassen, und am Montag wurde auf eine diesfalls von der *Kommission* erstattete Relation beschlossen, vom w. Wochenrate: Es sei der Untersuch dermalen geschlossen und ad acta zu legen, die aufgestellte Kommission habe einstweilen noch fortzubestehen und es sei das Haus unter *polizeilicher Aufsicht* zu stellen. Mir wurde dasselbe gleichen Nachmittags wieder zurückgegeben, und man fand von Seite der h. Regierung es angemessen, mir meine infolge der Räumung des Hauses verursachten Kosten zu vergüten.

Meine Befürchtung, daß die Untersuchung nicht sehr tief gehen werde, wie auch die Folge noch zeigen wird, hat sich vollständig bewährt, weil die Poltererscheinungen gefällig waren, zwar nicht erst, wie man nach dem Wortlaut des amtlichen Berichtes annehmen möchte, vom Zeitpunkt an, wo eine durch die Kommission aufgestellte Überwachung eingetreten war, sondern schon seit Mittwoch Nachmittag 2.50 Uhr nicht mehr einzutreten; so schien die Sache schon zum ad acta-Korbe reif. Man hätte wenigstens glauben sollen, es würde, wenn es wirklich um die mögliche Erforschung dieses Problems aufrichtiger Ernst gewesen, zudem mindesten das Faktum und die Art und Weise, wie es aufgetreten, durch ein Verhör derjenigen konstatiert worden sein, die sich persönlich davon überzeugt hatten und deren Stellung und Intelligenz für ein zuverlässiges Zeugnis gebürgt hätten ... und es würde dasselbe der Ansicht eines Fachmannes unterbreitet, oder es würde die Untersuchung, während die Familie das Haus wieder bewohnte, fortgesetzt werden, zumal sich dieselben Erscheinungen in der Folge wieder zeigten. Von allem geschah aber nichts; und ich hatte in meinem Berichte der h. Regierung umsonst die Anerbietung gemacht, mich jeder ihr nötig scheinenden Verfügung willig zu unterziehen, sowie das Haus jeder wissenschaftlichen Autorität zur Erforschung zu überlassen. Man sollte meinen, die Sache wäre so, wie sie jetzt lag, der Mehrheit der Kommission auf den allergelegensten Punkt gerückt.

Wieder im Besitz des Hauses, sammelte ich meine verstreute Familie in der Hoffnung, die schrecklichen Phänomene hätten nun ihren Verlauf genommen. Da wir erst mit einfallender Nacht an das leerstehende Haus kamen, wagten es nur drei meiner *Kinder*, mit mir dasselbe für die Nacht zu bewohnen. Es war das erstemal, daß ich Angst fühlte, daher sehr wenig schlief; die Nacht war ruhig.

Dienstag, den 2. September

Am folgenden Tag wollten zwei meiner *Kinder* wieder deutlich an die Stiege, welche in den zweiten Wohnboden führt, das Anpoppern gehört haben; ich suchte sie dann zu beschwichtigen, was mir um so mehr gelang, als auch der folgende Tag ruhig vorüberging.

Donnerstag, den 4. September

An diesem Tage erzählte mir meine Familie nachmittags bei meiner Rückkunft von Beckenried, wohin mich Geschäfte gerufen hatten: Ungefähr um 1 Uhr, als meine *Frau* mit einer *Tochter* beim Fenster am Nähtisch gesessen, habe es wieder auf einmal an dieser Stelle einen so gewaltigen Schlag auf den Boden herauf getan, daß man denselben weit außer dem Hause vernommen und das Tischchen hoch gesprungen sei, worauf sie mit zitternder Angst aus dem Hause gelaufen. Gegen Abend hörte das *Dienstmädchen* und eines *meiner Kinder* durch das Abtrittgänglein schwere, dumpfe Tritte gegen die äußere Türe kommen, wo es den schweren Eisenriegel aufrüttelte und die Türe langsam öffnete. Da sie niemanden erblickten, erfaßte sie die Angst dermaßen, daß sie sich durch das Fenster aus einer Höhe von zwölf bis dreizehn Fuß in die Gartenlaube herunterstürzten, wo sie mit leichter Fußverstauchung davonkamen.

Samstag, den 6. September

Am folgenden Tage konnte man nichts wahrnehmen. Dagegen klopfte es am Samstag schon am Morgen zweimal heftig an die Stubendiele, und den ganzen Tag über hörte man bald da, bald dort ein leises, rasches Anklopfen an Türen und Wände, was am Abend mit dreimaligem gewaltigen Anschlagen in der südwestlichen Ecke der Wohnstube, wo es bisher immer ruhig geblieben, endete. Über alle diese Erscheinungen wurde rapportiert, ohne daß man sich von seiten der Kommissionsmehrheit darum zu kümmern schien.

Sonntag, den 7. und Montag, den 8. September

Das Poppern an die Dielen und Wände setzte sich auch diese beiden Tage fort, nach ziemlich kurzen Unterbrechungen. Besonders nahm man es in dem obengenannten Gänglein sowie in meinem Schreibzimmer wahr, wo es bald von unten, bald von oben der Dielen, bald an den Zimmerwänden und ganz genau bemerkbar an die Schranktüren meiner Bibliothek anklopfte, in Anwesenheit von *Dutzenden von Personen*, die sich zur Beobachtung auf die verschiedenen Räume verteilt hatten. Es war darunter auch ein *starker Zweifler* aus dem Nachbarkanton Obwalden, woselbst die Presse gierig den Anlaß ergriff, dem Zorne ihres jugendlichen Aufklärungseifers gegen solch ein Schattenbild des Nebenkantons freien Lauf zu lassen ... der sich nun sattsam überzeugte. Ein Klopfen, von dem ich mich erst jetzt entsann, es schon vor geraumer Zeit, ohne besonders darauf zu achten, gehört zu haben.

Dienstag, den 9. September

Mittags 12 Uhr ein dreimaliges Poltern an den Stubenboden, dem ein starkes Zuschlagen der halbgeöffneten Türe folgte.

Mittwoch, den 10. September

Ein Gerichtsaugenschein hatte mich heute nach Beckenried gerufen. Ich verreiste morgens um 7.30 Uhr und kehrte abends ungefähr um dieselbe Stunde zurück.

Schon auf meiner Herkunft vernahm ich von *Nachbarn*, daß sie es heute aus weiter Entfernung in meinem Hause poltern gehört hätten. Heimgekommen vernahm ich, daß kurze Zeit nach meiner Abreise drei rasche und sehr heftige Schläge von unten an die Stubendiele erfolgt seien. Meine Frau, die sich im Schlafzimmer befand, sei mit der ältesten Tochter *Emaline* hinter die Türe getreten; in diesem Augenblick sahen beide in der Stube einen Stuhl (ohne Rücklehne) erst langsam von der Stelle rücken und dann im Nu umschlagend, so gewaltig, die Beine nach oben, auf dem Boden fahren, daß es den Staub aus den Dielennuten aufjagte, worauf die Stubentüre so gewaltsam in die Falle schlug, daß man über den Lärm aus einer entfernten Nachbarschaft dahergelaufen kam.

Ungefähr um 12 Uhr mittags, als sich meine älteste Tochter *Emaline* bei hellem Sonnenschein im Garten befand, hörte sie auf einmal ein Rauschen an der Spalierwand des Hauses und erblickte hinaufschauend eine weibliche Figur von Außen in der Gegend des Gängleins an das Spalier hinauflangen (sich aus dem Fenster lehnend). In der sicheren Meinung, daß es das *Dienstmädchen* nach Trauben gelüste, betrachtete sie die Figur ohne Furcht genau, wobei ihr zwar aufgefallen, daß sie sich mit glattem Haarscheitel, Netz und dunkler Halsbinde außergewöhnlich trage und den Kopf so melancholisch vorgesenkt hätte. Als sie keck nach ihrem Namen rief, kam das *Mädchen* aus dem Keller, während jene Figur, wie unter die Blätter sich duckend, verschwunden war. Bei sofortiger Untersuchung habe man nicht mehr gewahren können. Später nahm man in diesem Gänglein ein Klopfen, mit einfallender Nacht ein Gepolter von außer dem Hause her und bald danach ein gewaltiges Zuschlagen der Stubentüre wahr. Etwa um 9

Uhr, als ich noch am Tische saß und durch die offene Tür nach der Küche schaute, hörte ich nun selbst das Wischen, dessen meine *Kinder* wiederholt erwähnten, wie sie es häufig, besonders in dem Gänglein, vernommen hätten. Es ganz genau beachtend, kam es von der Küche her gegen die Stubentüre, wie wenn jemand mit einem Birkenbesen, begleitet von langsamen Schritten in Schlappschuhen, den Gang kehren würde, und zwar so täuschend, daß ich erst dann glauben konnte, daß nicht in Wirklichkeit gewischt würde, als ich mich unter der Türe, bei der es langsam vorüber gegen die Haustüre fuhr, positiv überzeugt hatte.

Donnerstag, den 11. September

Schon während der Nacht ließ sich ein lautes Poltern im Hause vernehmen. Durch den Morgen polterte es bald da, bald dort an Dielen und Wänden. Es war heller Sonnenschein. Ungefähr um 9 Uhr war die Stube aufgeräumt. In der Mitte stand, wie gewöhnlich, der massiv nußbaumene Tisch von oben nach unten, an den Wänden Sessel und Kanapee So, alles geordnet, verließ ich das Zimmer mit *Frau* und *zwei Kindern* (die übrigen waren abwesend) und wollte sie, die sich sehr fürchteten, in die oberen Zimmer geleiten. Das *Dienstmädchen* war in der Küche beschäftigt. Auf der Stiege hörten wir an der Wand des oberen Ganges ein rasches Klopfen in tanzenden Bewegungen. aufmerksam gemacht auf ein Geräusch in der Stube, sprangen wir anderen zur Türe zurück, die ich nie aus dem Auge verloren hatte, und an derselben einen Augenblick lauschend, vernahm man ein Geräusch, als ob eine Gesellschaft von mehreren Personen in Socken herumtanzen würde. Rasch die Türe geöffnet, war es mausstill. Der schwere Tisch lag der Länge nach gegen die Türe, das Unterste zu oberst, ebenso links zwei und vorne in der Stube zwei Stühle nebst dem Tabouret vor dem Kanapee. Wir trauten kaum unseren Sinnen. Es mochte seit unserer Entfernung aus der Stube etwa eine Minute verstrichen sein. Während ich auf dem Kanapee saß, das an der Mittelwand zur Kammer platziert war, sah ich durch das offene Fenster auf der entgegengesetzten Seite des Zimmer von oben her etwas wie eine große Bremse in raschem Fluge auf mich zufahren und angeprallt unter das Kanapee fallen. Näher betrachtet waren es zwei frischabgerissene entblätterte Baumzweiglein von zirka zwei Zoll Länge. Als nach wenigen Augenblicken ein *Mädchen* unter das Fenster trat, wurde es von einem ähnlichen Zweig von oben her beworfen. Die Luft war ganz ruhig. In einem geöffneten Schrank fand man die am Morgen wohlgeordneten Schuhe auf das bunteste durcheinander gerüttelt; im Hause hin und her polterte es in raschesten Bewegungen an Wänden und Dielen. Nachmittags, als es wieder etwas ruhiger geworden, es mochte um 3 Uhr sein, bemerkte *einer meiner Knaben*, der am Zeichnen saß, wie sich, nachdem sich kaum zuvor die Stubentüre nach gewohnter Manier ins Schloß geworfen hatte, neben ihm ein gepolsterter Sessel von selbst zu bewegen anfing, etwa anderthalb Ellen von der Stelle rutschte, und dann auf einmal ohne mindestes Geräusch umgekehrt dalag. Als wir auf diese Mitteilung nach der Stube gingen, lag bereits ein zweiter Sessel in der gleichen Lage.

Von da an blieb es ruhig bis abends ungefähr um 6.30 Uhr. Wir wollten uns an den Tisch zum Nachtessen setzen; es fing bereits an zu dämmern, die Tür war ein bis zwei Spannen weit offen, da sah man etwas durch diese Öffnung hineinschweben, das wie ein dreizipfliges graues

Tüchlein ausschaute, vom Boden bis an das Türschloß reichte und, in leichten Schwenkungen nach dem offenen Schrank des Eckbuffets schwebend, dort verschwand. Dieselbe Erscheinung zeigte sich ungefähr eine Stunde später in der Küche, wo das *Mädchen* am Spültisch stand. Anfänglich meinend, als streiche ihr eine Katze um die Füße, achtete sich dessen nicht, als es sie aber auf einmal derb am Rocke zupfte, sah sie dieselbe Gestalt von ihr weg sich nach der Hüttenstiege entfernen; der Schrecken brachte sie der Ohnmacht nahe. In diesem Moment stand noch eine Person bei ihr und konnte das Phänomen ebenfalls wahrnehmen.

Freitag, den 12. September

Es blieb vollständig ruhig bis Nachmittag 2.45 Uhr. Während die Familie beim Kaffee saß, machte uns das *Mädchen*, das vor der offenen Stubentüre kehrte, auf ein Geräusch oben im Hause aufmerksam. Wir eilten hinauf, mit uns *drei Studenten*, welche die Neugierde herbeigeführt hatte. Da bot uns der Saal ein sonderbares Bild der Unordnung dar. Von der linken Wand war ein größeres Tableau (Amazonenschlacht) abgelöst und lag auf dem Glase am Boden, ebenso beide Pfeilerspiegel an der vorderen Wand. Eine gläserne Zuckerbüchse, die auf hoher Chiffoniere zur Rechten stand, lag vor derselben, den Deckel zur Seite, ebenfalls umgekehrt auf dem Boden. Auf der Kommode an der Rückwand lag ein dort gestandener Fruchtkorb in gleicher Lage, während die Öllampe auf den äußersten Rand gerückt war. An einer Zierlampe, zusammengefügt aus phantastischen Formen wilden Alpenwacholders, hing ein Sonnendächlein, das in einer Ecke des Saales gestanden hatte, vollständig aufgespannt am Griffe, unter demselben war ein rotes Baregekleid, das am Fenster gehangen, auf den Boden gelegt und daneben in umgekehrter Lage ein gepolsterter Sessel. Alle diese Gegenstände, wie zerbrechlich auch, waren unversehrt. Die über der Kommode hängende Photographie (Winkelrieds Abschied), sowie ein Gemälde über der Chiffoniere (Unterwaldner Schützentanz) blieben unberührt. Ein *Nachbar*, der indessen ins Haus kam, verwunderte sich nicht wenig über die sonderbare Ordnung in der Stube. Sämtliche Stühle lagen rings um den Tisch, das Unterste zu oberst da. Es ist ganz begreiflich, daß ich, solange ich im Hause war, ein unverwandt aufmerksames Auge auf alles gerichtet hatte, was vorging; da ich aber Lage und Verhältnisse genauest kannte, gewann ich die vollständige Überzeugung, daß auch dieser Spuk nicht von Menschenhand herrühren könne.

Samstag, den 13. September

Als wir morgens beizeiten nachsahen, fanden wir, obwohl die Zimmer wohl verschlossen waren, dieselbe Unordnung noch in weiterem Maße angerichtet. Im *Saal* lagen das Tableau, beide Spiegel und Sessel wieder in derselben Lage, wie gestern, auf dem Boden, zu denen sich nun auch der Fruchtkorb von der Kommode gestellt hatte. An der Schraube, die den einen Spiegel gehalten, hing das rote Baregekleid, und über dem obersten Fenster war der Vorhang mehrmals um die Stange gewunden. Im *Gartenzimmerchen* hatte sich ein kleines Tableau von seiner beinahe an die Wand zurückgebogenen Schraube abgelöst und ruhte ebenfalls umgewendet neben einem gestürzten Kleiderkoffer auf dem Boden. So in der *Küche* mehrere Geschirre. In der *Hütte* fanden wir die sehr große und schwere Waschstande rings von den kleinen Holzgefäßen, die in dieselbe hineingelegt waren, umgeben, alles umgestürzt.

Von Geschäften nach Luzern gerufen, hatte ich unter anderem, eine größere Summe Geld anzuzählen. Bei meiner Rückkunft erzählten mir die Meinen, sie hätten diesen Nachmittag eine ganz neue Wahrnehmung gemacht. Wie sie sämtlich in der Stube waren, hörten sie auf einmal in der anstoßenden Kammer ganz lautes Geldklingen, und so deutlich Stück für Stück aufeinander hinlegen und dann die Rollen wieder auf die Seite legen, daß sie samt und sonders glaubten, annehmen zu müssen, es sei da jemand mit Geldzählen beschäftigt. Nachsehend sie aber niemanden vorgefunden. Um die Zeit befragt, ergab es sich, daß sie genau mit derjenigen zusammentraf, wo ich dieses Geschäft in Luzern verrichtet hatte.

Später, als die drei älteren Knaben *Robert*, *Eduard* und *Oskar* vor dem Hause verweilten, hatten sie ein Herunterfallen von Steinen wahrgenommen. Es sei sogar ein solcher von Faustgröße dem Jüngling auf die Achsel gefallen, ohne ihn aber schmerzlich zu berühren. Nach der Höhe schauend, wo jene herkämen, haben sie einen ziemlich großen Stein oben aus dem Schornstein herausfahren und, ohne das Hausdach zu berühren, unweit von ihnen auf das Sträßchen herunterfallen gesehen, wo er stark aufgeschlagen habe. Als wir uns abends um den Tisch gesetzt hatten, machte bald das eine, bald das andere die Bemerkung, daß sein Stuhl von selbst in leichte Bewegung gerate.

Sonntag, den 14. September

Ich hatte befohlen, die Gegenstände in den Zimmern, wie wir sie gestern Morgen vorgefunden hatten, unberührt liegen zu lassen, um zu sehen, was damit weiteres geschehen würde. Als wir nun am Morgen neugierig die Runde machten, fanden wir die Gegenstände unverrückt, dagegen fanden wir im Saal noch einen Fußschemel umgestürzt; an einer der Schrauben, an welcher das Tableau gehangen hatte, war der Griff des Sonnenschirmes, den wir am Freitag wieder in eine Ecke gestellt, eingehängt und der Schirm vollständig aufgespannt. Um die leere Schraube des einen Spiegels hatte sich die Holzkette der Lampe geschlungen und hielt das Baregekleidchen von unten am Saum. Im *Gartenzimmer* schien es, als hätte ein Satyr gehaust. An einer Wandschraube nächst dem Fenster hing das Kopfkissen des Bettes, an derjenigen des Tableaus der Teppich bei losgerissenem Ende. Diese beiden Gegenstände waren sodann von dem Fenstervorhang, von dem sich ein Zipfel leicht um die vordere Schraube wickelte, zum größten Teil verdeckt. Im anstoßenden *Kabinettchen* lag der Spiegel, sowie ein Gipsrelief (St. Anna) ebenfalls umgewendet auf dem Boden, und auf der Bettdecke, halb unter dem Fußkissen, ein mit blauem Kalk durchzogener Tonschiefer meiner kleinen Mineralsammlung, dessen Zeichnung ganz getreu einen Menschenschädel darstellt. Aus der *Küche* hatte es die Kaffeemühle, einen Krug, ein zinnernes Gefäß und ein Becken in das *Küchenstüblein* hineinpraktiziert und ebenfalls umgewendet auf den Boden gestellt.
Im Keller befand sich bei diesem Anlaß die am Morgen von dem *Dienstmädchen* vermißte Feiertagsschürze, die

sie doch in ihrem Koffer eingeschlossen zu haben behauptete, über einem gärenden Mostfasse ausgebreitet.

Mittags vertraute ich das Haus einer zuverläßlichen Wache, um mit meiner noch daweilenden Familie aus dem *Gedränge der Leute* eine kleine Zerstreuung nach Kehrsiten hin zu machen. Wie wir des Abends in der Dämmerung gegen das Haus kamen, sahen wir etwas wie ein leichtes graues Wölkchen uns vorausfächeln. In der Stube trafen wir bei *zwanzig Personen*, die aus der umliegenden Gegend herbeigekommen waren. Von einer Anwandlung von Furcht konnte in so großem Kreise nicht die Rede sein. Wie die Nacht einbrach und man sich anschickte, Licht zu machen, klagte plötzlich eines meiner *Mädchen* mit Angstgeschrei, es werde wie mit eiskalten umhertastenden Fingerspitzen über den Nacken und im Gesicht berührt. Mit dem Anzünden des Lichtes hörte dieses auf. Kaum wieder im dunkeln Hausgange, verspürte es die gleiche Berührung abermals, über welche sich auch das dort weilende *Dienstmädchen* beklagte und später beteuerte, daß auf dem ganzen Weg nach dem Flecken, wohin sie jetzt gehen mußte, dieses Berühren wie von kalten, spitzen Hundekrallen sie geplagt hätte.

Die Leute verloren sich erst gegen Mitternacht; ich geleitete die letzten etwa um 12 Uhr selbst an die Haustüre, die ich sodann abschloß. Ich sah mich genau um und schloß ebenso sorgfältig die Stube ab, indem ich den schweren Eisenriegel vorschob, worüber ich mich mißtrauisch, wie man unter solchen Vorgängen gegen seine eigenen Sinne wird, mit aller Genauigkeit vergewisserte. Als ich in die Kammer trat, wo meine *Familie* sich zur Ruhe anschickte – denn es getraute sich keines mehr beim hellen Tage allein in ein Zimmer, geschweige zur Nacht in einem abgesonderten zu schlafen – schob ich auch hier den Nachtriegel vor. Die Kerze war noch nicht ausgelöscht, und vorne im Ofenrohr brannte ein schwaches Nachtlicht. In diesem Augenblick sah ich etwas mit der Bewegung eines Blitzes über der schwankenden Flamme des Lämpchens in das Ofenrohr fahren, während über einem gleichzeitigen Klirren alle erschrocken auffuhren. Wie ich hier nachsah, erblickte ich zu. meiner nicht geringen Verwunderung, nebst einigen Glasscherben und Ziegelstücken, einem Lappen und einem Butzen von frischer Birne, ein altes Beil, das sonst seinen Platz im Küchenstüblein hatte, bemerkte dann auch, daß die Kammertüre aufgeschlossen und, wie ich mit der Kerze in die Stube trat, daß auch die Stubentüre zur Hälfte offenstand.

Einer meiner *Nachbarn*, dessen Charakter für die Wahrheit seine Worte bürgt, erzählte mir in der Folge, daß er am gleichen Abend, nachts beim Hause vorübergehend, in dessen Nähe eine helllodernde Lichtflamme wenige Fuß über dem Boden gesehen habe; ihr näher tretend, sei sie ihm auf einmal verschwunden, wie er glaubte, in die weiteste Ferne.

Montag, den 15. September

Als wir nach dem Mittagessen noch am Tische saßen, sahen *zwei meiner Kinder* ein durchsichtiges ungenaues Schattenbild von der Haustüre her durch den Gang an die offene Stubentüre schnell herantrippeln, wo es einige Male keck anklopfte und dann die Türe, wie gewohnt, rasend ins Schloß warf. Ungefähr um 1 Uhr nachmittags ließ sich in dem finstern Gänglein das Wischen, das sich bei geöffneter Türe fortsetzte, wieder hören, worauf man ziemlich schwere, dumpfe Tritte vernahm, als ob jemand aus diesem Orte wegginge. Bald darnach hörte ich auf meinem Schreibzimmer, als ob jemand im anstoßenden Kabinettchen ein Spulenrad triebe, an dem man den Zwirn in langen Zügen aufdrehte. Das Schnurren der Spindel war so stark und so ähnlich, daß ich, von der Wirklichkeit mich selbst zu überzeugen, nicht zauderte. Ohne jedoch eine Spur finden zu können, glaubte ich, wo ich immer hinkam, es stets im Nebenzimmer zu hören, und meine Untersuchung brachte keine Störung in diese Arbeit. Das Mädchen behauptete, dieses Zwirnen in letzter Zeit schon einige Male gehört zu haben, dann und wann sei es ihr wieder vorgekommen wie das Räderrasseln beim Aufziehen einer alten Schwarzwälder Uhr.

In den oberen Zimmern hatte es keine Unordnung mehr angerichtet, wohl aber spukte der Satyr auf ähnliche Weise in den unteren Gemächern. Meine *Frau*, im Begriff, zum Ausgehen sich anzuziehen, es war etwa 2 Uhr, hatte ihren Hut auf das Kanapee in der *Stube* gelegt; im Nu war es weg. Mit Verwunderung suchend, da ihn niemand wollte berührt haben, fand man ihn endlich über einem Ölgemälde in der *Kammer* hängend, während mein daneben hängendes Portrait umgewendet war. Ich brachte das Gemälde wieder zurecht, und verweilte einige Zeit umsonst beobachtend davor; kaum war ich weg, so hingen beide Gemälde umgewendet. Auf nochmaliges Zurechtmachen blieben sie in Ruhe. Es geschah dies, während das *Dienstmädchen* mit dem Reinigen des Stubenbodens beschäftigt war und *zwei Personen*, von denen eine aus der Nachbarschaft, am Tische Karten spielten, ohne, wie sie sämtliche beteuerten, irgend etwas bemerkt zu haben, was auf eine Manipulation von Menschenhänden hätte schließen lassen.

Auf den Abend hatten sich *drei Bekannte* eingefunden, um uns den immer beschwerlicher werdenden Aufenthalt durch ihre Wache etwas zu erleichtern, wie wir denn seit Wochen keinen Abend und sehr selten des Tages allein mehr wohnten. Als wir so am Tische und auf dem Kanapee sitzend auf die unausstehliche Berührung von gestern zu sprechen kamen, fiel es einem ein, die Kerze zu löschen. Im Augenblick jammerten meine *Frau* und *Kinder*, daß sie von einem flüchtigen eiskalten Betasten wie von feinen Fingerspitzen im Gesicht und Nacken berührt würden. Meine *Frau* empfand das leise Streichen wie von kalter Totenhand über ihre Stirne und sank, der Ohnmacht nahe, in meine Arme. Ich saß der Fensterwand gegenüber, zur Rechten meine Familie, zur Linken die drei Gäste. In diesem Moment sah ich ganz deutlich das Schattenbild wie von einer großen Menge zappelnder Hände vor den Fenstern wie mit Blitzesschnelle hin und herzucken. Berührung fühlte ich keine, sowie auch die Gäste nicht. Mit dem Wiederanzünden hörte das Spektakel auf. Gegen Mitternacht verließ uns diese Wache. Als wir uns zur Ruhe begeben wollten und das Nachtlicht an seinen Standort brachten, entdeckten wir im Innern des Ofenrohrs nebst einem abgekörnten Maiskolben dasselbe Beil von Gestern, daß ich wieder an seinen früheren Ort gebracht hatte, nebst einer Sichel und einem eisernen Ringe von drei bis vier Zoll Durchmesser, den ich mich nicht entsinne, früher gesehen zu haben. Mit der Entfernung dieser unheimlichen Gegenstände beschäftigt, klagte das *Mädchen* plötzlich über ein Stechen in seinem Haare und zog jetzt eine zerbrochene Stricknadel, sowie eine Birne aus dem Netze. Indem ich ihr zum Wegtragen der Gegenstände zündete, war ich Augenzeuge, wie sie in der Stube wiederholt von Birnen beworfen wurde, die in ihrem Haarnetze stecken blieben. Sobald die Kerze aus dem Schlafzimmer war, jammerte *eines meiner Kinder* wieder über das eisige Betasten an Hals und Gesicht, und wir waren genötigt, nebst dem Nachtlicht die ganze Nacht über auch eine Kerze brennen zu lassen. Öfters wollte das eine, bald das andere fühlen, als ob sich etwas Schweres zu den Füßen auf das Bett niederließe und dann wieder von Zeit zu Zeit an der Decke zupfe. Auch das kleine Kind wurde wiederholt unruhig, strich mit seinen Händchen mehrmals über das Gesicht und machte abwehrende Bewegungen. Über das kalte Anfühlen beklagte sich eines meiner Kinder noch mehrmals am Morgen des folgenden Tages, als es schon helle geworden.

Dienstag, den 16. September

Ich sah mich wieder im Falle, einen Teil meiner Familie zu entfernen. Wie schwer auch der Gedanke fiel, das Haus, diese früher so heimelige Landwohnung verlassen zu müssen, um jedenfalls vor Jahren, vielleicht nimmer wiederzukehren, mußte derselbe doch in vollem Ernste aufgenommen werden. Bevor ich aber dazu schreiten sollte, hätte ich gerne einen letzten Versuch gemacht, um einige dieser Vorgänge durch eine legale Untersuchung zu konstatieren. Freilich war eine solche durch die Beschlüsse des Wochenrates oder vielmehr durch das beharrliche Rückhalten der Regierungskommission gelähmt. Dessen ungeachtet hatte ich im Sinne, mit Nächstem, wenn möglich auf den Abend, einen Zirkel bereitwilliger Freunde zu diesem Behuf zu sammeln.
Unterdessen nahmen die Phänomene ihren Fortgang. Gegen 8 Uhr des Morgens war ich Zeuge von dem sonderbaren Herumhüpfen eines Apfels. Derselbe kam, von oberhalb des Hauses über die untere Stiege heruntergeworfen, an die Haustüre, von welcher er dann in

mehreren Sprüngen an mir vorüber durch den Gang in die Küche hüpfte. Das *Dienstmädchen*, dort am Feuerherd beschäftigt, nahm diesen gequetschten Apfel (Reinette) und legte ihn auf den Küchentisch, von dem er nach kurzer Rast wieder in drei bis vier Sprüngen nach dem Hausgang eilte, wo sie ihn noch einmal auffaßte und zum Küchenfenster hinauswarf. In wenigen Augenblicken kam er wieder zum gleichen Fenster hereingeflogen auf den Küchentisch, von dem er nach kürzester Rast in mehreren Sprüngen durch die Küche und den Hausgang in die Stube und von da nach abermaliger kurzer Rast im spitzen Winkel an die Kammertüre zurücksprang, wo er auf dem Boden dieses Zimmers ruhen blieb. Als ich bald nachher wieder in die Küche trat, schlug eine Birne ganz nahe an meiner Seite, wie von der Decke des Zimmers herunter, so blitzschnell und stark auf den Boden, daß sie ganz zerquetscht wurde. Außer der *Magd*, die am Herde stand, befanden sich alle noch im Schlafzimmer. Um 12 Uhr, wie einer der *Knaben* auf meinem Zimmer zeichnete, hörte er, indem ich aus der Türe trat, als ob jemand in starken, dumpfen Tritten neben seinem Stuhle aufträte. Als wir im Laufe des Nachmittags nach dem Ofenrohr sahen, wie das seit den schauderhaften Entdeckungen jetzt öfters geschah, fanden wir dasselbe mit einem älteren Pferdegeschirr und einer Kette gefüllt, die so kompakt in diesen nach innen weiten Raum hineingepreßt waren, daß ich sie nur mit größter Mühe wieder herausnehmen konnte. Das Geschirr hatte sonst im Küchenstüblein, die Kette aber in verschlossener Remise gehangen. Mir fehlte auch da jeder Anhaltspunkt, dieses Geschehen auch nur mit einigem Verdachte einer menschlichen Hand zuzuschreiben.

Am Abend nach dem Essen teilte ich meiner Familie meinen Gedanken über Anstellung einer neuen Untersuchung mit, worüber mancherlei Hoffnungen und Bedenken laut wurden, und las dann etwas aus der Zeitung vor. Wir saßen um den Tisch, die Türe stand offen, weil sich das *Mädchen*, das jetzt am Spülstein beschäftigt war, sonst sehr fürchtete. Auf einmal winkte man mir, innezuhalten: man höre da draußen jemand mit der *Magd* sprechen, was ich nun auch deutlich vernahm. Im Begriff näher aufzuhorchen, stürzte das Mädchen leichenblaß mit Angstschrei aus der Küche auf uns zu und erzählte uns, nachdem sie sich vom ersten Schrecken erholt hatte, daß die tiefächzende Stimme, die sie schon öfters gehört hätte, wie neben ihr aus der Wand heraus langsam gesprochen habe: »*Jetzt komme ich nimmer*!« Sie habe, versicherte sie, während dieser Worte vor Angst keinen Atem schöpfen können. Kurz vorher fühlte meine Frau einen eiskalten Hauch über ihre Hand streichen, worauf sie sich über leichtes Erstarren des Handgelenkes beklagte; eine Erscheinung, die bei hellem, warmen Tage, wie bei Nacht, nicht bloß von den Mitgliedern der Familie, sondern auch von anderen Anwesenden gefühlt worden war. Es war die Empfindung, als wenn man von einem Blasbalg angeblasen würde. Dessen ungeachtet war es am folgenden Tage

Mittwoch, den 17. September

nicht ruhig geblieben. Eine Stricknadel, welche in den letzten drei Tagen sehr unruhig geworden, trieb auch heute ihr Spiel, legte sich bald in dem einen, bald in dem anderen Zimmer ab. Das geschah aber so blitzschnell, daß die Blicke nur ein Zucken wahrnehmen konnten, unter dem sie auf den Boden fiel. Einmal wurde sie zum Fenster in das Gras hinausgeworfen, nach einer kurzen

Weile lag sie wieder da. Um Mittag wollte man an der Hauswand gegen den Garten wieder ein leichtes Anklopfen gehört haben. Als *einer meiner Knaben* zirka um 1 Uhr an der Saaltüre vorüberging, behauptete er, in demselben ein dem Tanzen mehrerer Paare ähnliches Schleifen, sowie am Abend ein starkes Anklopfen an den Boden beim Abtrittgänglein behorcht zu haben.

Donnerstag, den 18. und Freitag, den 19. September

An den zwei folgenden Tagen blieb es ruhig. Die Untersuchung schien wieder vereitelt zu werden. Die Furcht aber, von der meine ganze Familie einmal ergriffen war, und die Befürchtung des Äußersten bei allfälligem Wiedereintritt solcher Erscheinungen, bewogen mich am Samstag zur Abreise, um irgendwo anders im Schweizerlande ein Asyl vor diesen unerklärlichen Verfolgungen zu suchen.

Sonntag, den 21. September

An diesem Tage kam ich abends wieder von meiner Reise zurück, kaum nachdem meine *Frau* – der ich anbefohlen hatte, auf diesen Tag das Haus vor dem leichtsinnigen Pöbel, den jeweilen die verschärfte Polizei des eidgenössischen Bettages namentlich massenhaft aus der benachbarten Stadt Luzern treibt, abzuschließen – einer Gesellschaft die Türe gewiesen hatte, die ihre gegen die Ländler gewohnte städtische Ungeniertheit so weit getrieben hatte, daß sie sich der Leiter bedient hatte und Dieben gleich durch die Fenster eingebrochen war. Zur

Satisfaktion darf hier beigefügt werden, daß einzelne derselben, scheinbar besserem Stande angehörend, durch das ruhig-gemessene Zurechtweisen wenigstens beschämt von hinnen gingen. Wie wehe mir auch diese Verletzung des Hausrechts tat, so konnte ich doch das Gebaren eines Teiles der Luzernerischen Presse nun auch eher begreifen und mit mehr Gleichmut hinnehmen. Es wäre übrigens ungerecht, hier nicht viele honette Persönlichkeiten aus dieser Nachbarschaft zu erwähnen, die sich zum Teil selbst von diesen Erscheinungen überzeugt hatten und nicht ohne Teilnahme solche Ausschweifungen und den wetteifernden Unglauben mißbilligten, den die müßigen Platzhüter und Neuigkeitsjäger daselbst zum Unterhaltungsstoff des Cafés gemacht hatten.

Mich nach den inzwischen vorgefallenen Erscheinungen erkundigend, teilte mir ein *Wächter* mit, daß er heute ein einzigesmal etwas, und zwar ein Geräusch in der Küche vernommen habe, als ob das dastehende Wassergefäß auf den Küchenboden auslaufen würde; er habe dann mit einer zufällig anwesenden *Person*, die dies bejahte, sich ganz genau umgesehen, allein keine Spur zur Veranlassung des Geräusches, das wie in unmittelbarer Nähe und ziemlich stark gewesen sei, entdecken können. Dagegen wurden am

Montag, den 22, September

wieder mehrere Vorgänge wahrgenommen. Als um 12 Uhr *eine meiner Töchter* am Brunnen weilte, sah sie sich plötzlich von einem Steinregen überfallen, der rings um sie, ohne sie zu treffen, auf den Boden schlug. *Zwei*, die am Fenster in der Küche standen, sahen einen Stein vom

Hausdach herunterfallen, worauf alsbald ein zirka zwei Pfund schwerer, scharfkantiger Mauerstein durch das Kamin herab auf den irdenen Pfannendeckel und von diesem auf den Boden absprang, ohne etwas zu beschädigen und ohne ein Rußmal zu hinterlassen.

Abends zirka 5 Uhr, da in Anwesenheit des *Hüters* sich die sämtlichen Hausgenossen außer das Haus begaben und dasselbe abgeschlossen hatten, sahen *drei*, die unten am Hause standen, den Vorhang beim unteren Kammerfenster in Bewegung geraten, als faßte eine unsichtbare Hand denselben in der Mitte zusammen und schwenkte ihn mit aller Behändigkeit auf und nieder. Diese Bewegung an den Vorhängen schauten *drei* von der vorderen Seite des Hauses; und *eines meiner Kinder* glaubte, durch die Fensterscheiben, eine graue, unförmige Gestalt sich bewegen zu sehen. Als jetzt *einer der Knaben* mit einem herbeigekommenen *Arbeiter* ins Haus trat, hörte er von der Ecke der Kammer ein so lautes Schnurren oder Rollen, daß der Boden erbebte, sehen konnte er aber nichts mehr. Später zeigte sich jenes graue Bild wieder und am offenen Kaminfenster ein Winken mit einem weißen Tüchlein. *Eine meiner Töchter* behorchte noch später in der Küche ein wehmütiges Schluchzen, das wie aus den oberen Gemächern herkam und lange anhielt.

Dienstag, den 23. September

An diesem Tage konnten wir nichts bemerken, bis abends 7 Uhr, wo es wieder Steine durch das Kamin herabwarf. Es waren taunasse Kiesel von der Größe etwa eines Hühnereis.

Mittwoch, den 24. September

Vormittags fuhr plötzlich ein Stein zwischen *meine zwei älteren Mädchen*, welche vor dem Hause standen, nieder, ohne sie empfindlich zu berühren. Nachmittags klopften wieder einmal zwei ziemlich starke Schläge an den Stubenboden herauf. Am Abend, wie *eine meiner Töchter* unten am Hause bei einer Nachbarin verweilte, sah sie hinter dem geschlossenen Küchenfenster einen grauem Lappen rasch hin und her und auf- und niederfahren, gehalten wie von einem gebräunten Knochenarm. Die *Nachbarin*, die darauf aufmerksam gemacht, dies ebenfalls schaute, ermannte sich, sprang durch die Hütte in die Küche. Die Erscheinung war blitzschnell verschwunden, und sie fand nichts mehr vor. Hierauf warf es in der Küche mehrere kleine und große Kieselsteine.

Donnerstag, dem 25. September

Im Ordnen meiner Geschäfte begriffen, hatte ich vormittags im nahe gelegenen Fleckchen Gelegenheit gefunden, mich über den Vertrag eines Holzwerkes in meinem Walde zu besprechen. Wie ich um Mittag nach Hause kam, erzählte mir meine *Frau*, daß sie des Vormittags in der Küche, nachdem *eines ihrer Kinder* ein schwaches Klopfen an den Boden gehört hatte, längere Zeit ganz deutlich ein Holzspalten aus der Hütte herauf vernommen hätte, während sich doch niemand dort befand. Der Schlag der Axt, deren Seufzen und das Ausspalten des Holzes habe man ganz wohl unterscheiden können; sie habe die Kinder herbeigerufen, welche es ebenfalls mitangehört.

80

Des Nachmittags behorchte *eine meiner Töchter* das langanhaltende Rollen, welches dem Aufziehen einer alten Stubenuhr glich, und später ein leises Anklopfen an meinem Büro. Als die *Kinder*, des Abends allein gelassen, sich in die vermietete Wohnung zurückzogen, verfolgte sie auch hier das Steinwerfen bis in das Zimmer, während man in diesem Neubau sonst keinerlei Spuk beobachtet haben wollte. Später, als sich wieder alle in der Stube befanden, habe man auf die kecke Aufforderung, sich, was es immer sei, zu enthüllen, Tritte von der Hütte herauf bis an die Stubentüre kommen hören, wo sich aber der *Kinder* die Angst bemächtigte und dem Exorzisten der Mut entsank. Es mochte zwischen 7 und 8 Uhr sein. Man wollte sodann noch eine leichte Bewegung der an das Schloß angelehnten Türe und ein allmählich abnehmendes Murren bemerkt haben. Ich hatte, da heute Gerichtstag war, bis 9 Uhr in Stans zu verweilen.

Samstag, den 27. September

warf es während des Nachmittags, als ich mich mit einem *Möbelarbeiter* über der Stube befand, einen beweglichen Zimmermannswinkel von der obersten Diele neben uns in den Hausgang herunter, ohne daß wir bei sofortigem Nachsehen die Ursache hätten entdecken können. Mit furchtbarem Schrecken überwältigte am Abend eine weißliche Erscheinung unter dem Fenster der Diele *einen meiner Knaben*. Dieselbe zeigte sich ihm in der Form von zwei Armen mit schneeweißen, breiten, vorn zuge-spitzten Händen, die ihm gaukelnd entgegenschlugen und dann verschwanden.

Sonntag, den 28. September

bemerkte man das Steinwerfen mehrmals, vormittags vom Kamine in den Garten, abends im Innern des Hauses in die Küche sowie über die Stiegen herunter, und im Laufe des Nachmittags zwei dumpfe Schläge an den Stubenboden. Am Abend war ich, aufmerksam gemacht, Ohrenzeuge, wie es unter dem Abtrittboden lange nagte, wie ein Hund an einem Knochen, und dann mit mehrmaligem Klopfen endete.

Montag, den 29. September

vormittags nahm man das Kieswerfen im Garten wiederum wahr. Dann blieb es ruhig bis abends, wo *eine meiner Töchter* nebst *einem Verwandten* außer dem Hause von meinem Schreibzimmer her ein lautes Klopfen vernahm, zuerst an den Boden, sodann an die Fenster desselben. Bei sofortigem Nachsuchen fand ich gar niemand im Hause vor.

Dienstag, den 30. September

war es ruhig bis abends bei einbrechender Nacht, wo es einen faustgroßen Stein unter starkem Poltern über die Stiege bis vor die Stubentüre und einen in die Küche warf; beide waren taufeucht. Von da an wurde nichts mehr bemerkt bis zur Nacht vom

Freitag, den 3. auf Samstag, den 4. Oktober

In dieser Nacht ward es in den oberen Zimmern unruhig, und man meinte mehrmals dumpfe Tritte in der über dem Schlafgemache liegenden Laube zu vernehmen. Ich begab mich heute nach Luzern. Um Mittag bemerkten *meine zwei älteren Mädchen Emaline und Melanie*, als sie sich außer dem Hause in der Nähe des Milchkellers befanden, ein Klirren an den Eisengittern des unteren Fensters, worauf sie wahrnahmen, daß ein ziemlich großer Stein hereingefahren und in die Waschstande niedergefallen sei. Bald nachher erblickte mein zweitältester *Knabe Eduard* ein kleines, dreieckiges, weißes Bild von innen bis an dieses Fenster heran- kommen und dann rasch wieder zurückfahren. Das Haus war von allen verlassen und abgeschlossen. Als sie etwa um 2 Uhr dahin zurückkehrten, fanden sie in der Stube drei Sessel umgestürzt und in deren Sargen eiserne Zwin- gen, welche niemand umgelegt, noch auch die Eisenringe vorher gesehen haben wollte. Mit der Dämmerung kam ich nach Hause, und als ich mich nach dem Nachtessen zum Obstkeltern in die Nachbarschaft begeben sollte, wollte in dem Hause niemand verweilen. Man schloß die Überbleibsel der Mahlzeit, worunter ein Zinnteller mit zweieinhalb Würsten nebst dem Brote in den hierfür bestimmten Schrank des Stubenbüffets ein und zog den Schlüssel ab. Ebenso wurden Zimmer- und Haustüren abgeschlossen. Während die *Knaben* und das *Dienst- mädchen* mit mir kamen, verfügte sich meine *Frau* mit den *Mädchen* in die vermietete Wohnung im Neubaue. Es mochte ungefähr 10 Uhr sein, als ich mit meinen Begleitern an der Mietswohnung ankam und dann sämtliche nach Öffnung in das Haus wieder eintraten. In der Stube fand man die vor dem Weggehen verschlossene

Schranktüre offen, die Zinnplatte lag umgewendet auf dem Boden, daneben das Brot und auf den Sesseln herum die Würste. Aus dem Anbaue hatte sich niemand entfernt. Die Nacht über glaubte man zum wiederholten Male ein Herumgehen in den oberen Zimmern zu gewahren.

Sonntag, den 5. Oktober

Am anderen Tag warf es nachmittags mehrere frisch ab-gerissene entblätterte Baumzweige durch das Kamin in die Küche herunter, wovon ich nebst mehreren meiner Hausgenossen Augenzeuge war.

Montag, den 6. Oktober

hatte ich mich mit meiner *Frau* nach Luzern an die dortige Messe begeben. Schon um 9 Uhr bemerkten die *Kinder* in dem Gänglein, wie früher sehr oft, das Hinrutschen an die äußere Türe und deren Auf- und Zuschließen. Bald nachher klopfte es vom Gange her an die Stubenwand. Einmal hörten sie im Hausgange wie vom Boden herauf dieselbe tiefächzende Stimme, wie sie schon oftmals gehört worden, bald nach dem Namen des einen, bald des anderen *Mädchens* rufen, bald nach dem Aufenthaltsort der Mama sich erkundigen. Dann hätten sie Geräusch oben im Hause wahrgenommen, worauf sie sich wieder außer das Haus begaben. Wie sie des Nachmittags sich bei der Scheune aufhielten, meldete ihnen die *Frau* aus dem Anbau, daß sie, wie sie soeben aus dem Allmendacker, wo sie mit ihrem Mann beschäftigt war, heimkehrend gegen den Hausgarten gekommen sei, im Hause ein Mädchen am Fenster sitzend gesehen habe, welches der Magd ähnlich, jedoch viel sorgfältiger gekleidet wäre und unverwandt bedächtig vor sich hin auf den Boden geschaut hätte. Es zeigte sich, daß unser *Mädchen* in der Nachbarschaft abwesend war. Am Fenster sah man nichts mehr. Nach einer Weile wollte meine *zweitälteste Tochter Melanie* sich nach der Wäsche im Garten umsehen und erblickte jetzt auch dieselbe Figur am gleichen Fenster, die sie nun lange ruhig betrachtete. Es trug diese Mädchengestalt eine grüne Jacke und über glattem Haarscheitel ein Netz und das Haupt melancholisch vor sich hin gebeugt. Zweifelnd, ob es doch das *Dienstmädchen* wäre, rief sie ihr keck beim Namen, worauf sich das Bild tief und tiefer in auffallender Höckerform verduckte. Sich nach der *Magd* erkundigend, sah sie diese von einem entfernten Nachbarhause, wohin sie Obst gebracht hatte, zurückkommen. Einer der *ältesten Knaben*, als ihm dieses mitgeteilt worden, lief alsbald nach dem Garten, um diese Erscheinung auch wahrzunehmen. Er sah am gleichen Orte nichts mehr, wohl aber durch das offene Fenster des Gartenzimmers dieselbe Figur, wie er aber meinte, in brauner Jacke, vom Gange her, in das Zimmer treten und dann keck den Fuß auf die Fensterlehne schwingen, als ob sie herausspringen wollte, dann aber plötzlich verschwinden. Abends, als wir nach Hause zurückgekehrt waren, wurde die gleiche Figur wieder am unteren Fenster von der *Magd* und der *Tochter*, welche sie nachmittags geschaut hatte, noch einmal ganz in der früheren Stellung beobachtet. Ein sofortiges Nachforschen führte auch hier zu keinem Resultate.

Mittwoch, den 8. Oktober

Während sich vormittags meine *Frau* und *einige meiner Kinder* zu einer kleinen Bergreise nach Rickenbach anschickten (ich war früh morgens nach Zürich verreist), klopfte es noch einmal mit aller Heftigkeit an den Kammerboden herauf. Es war das eine der letzten auffallenden Erscheinungen. Was weiteres bis zu unserem Auszug aus dem Hause noch vorging, reduzierte sich auf das Steinwerfen und Herumgehen in den leeren Gemächern nach Pausen von zwei bis drei Tagen.

Mittwoch, den 22. Oktober

wo wir das Hausgerät verpackten, bewarf es *die Kinder* mit großen Stücken von aus dem Kamine (das am 20. September vom Kaminfeger gereinigt und untersucht worden war, ohne daß er auf etwas Verdächtiges gestoßen wäre) abgelöstem Ruße und trieb sie aus den obersten Gemächern mit Holzstücken, Steinen und Nüssen heraus.

Abschied am Donnerstag, den 23. Oktober 1862

Die Gefühle, mit denen ich am anderen Tage das Haus, in welchem ich mit der ersten Minute des Neujahres 1818 ins Leben getreten, das Glück einer harmlosen Jugend unter dem wohlwollendsten Schutze meiner unvergeßlichen Eltern verträumte und seit zwanzig Jahren die Freuden eines glücklichen Familienlebens genossen ... die Gefühle, mit denen ich alle meine früher so traulichen

Gemächer jetzt nacheinander abschloß, um sie wahrscheinlich nimmer zu bewohnen, haben so tief in das Mark meines Lebens gegriffen, daß sie es stumpf gegen jeglichen Spott gemacht haben. An der Grenze meines freundlichen Landbesitzes angekommen, lernte ich die Worte des Dichters in vollem Sinne begreifen, daß an so einem Heimwesen oft ein halbes Menschenleben hängt.

Ein scharfer Griffel hat aus dem Tagebuch meines Lebens die schönere Hälfte mit einem Zuge gestrichen ... des unberechenbaren Schadens nicht zu gedenken, der mir erwachsen ist. Ich lege aber alles als Pfand für die treue Wahrheit dessen, wovon ich mich seit Wochen mit hellem Sinne überzeugt, und mit der der Wissenschaft und ihrer ewigen Forschung schuldigen Gewissenhaftigkeit hier in dieser kleinen Schrift nieder.

Wenn ich lange Namensverzeichnisse von Zeugen aus verschiedenen Ständen, auf die ich wiederholt hingewiesen, hier weglasse, so geschah es keineswegs, um dieselben vorzuenthalten, vielmehr werde ich stets bereit sein, ernsten Forschungen von Autoritäten zur Beschwichtigung allfälliger Zweifel damit beizustehen.

Daß in unseren Tagen diese nicht die einzige Erscheinung der Art ist, dafür spricht, abgesehen von denen in neuerer Zeit auf dem Gebiete der Forschung gesammelten Erfahrungen, die Menge Zuschriften, die mir im Laufe dieser schweren Tage von achtbaren Händen zugekommen sind über ähnliche, selbst erfahrene Erlebnisse. So schreibt mir u. a. ein vornehmer, in der liberalen Schweiz hochangesehener Freund, daß auch ihm ebenso unerklärliche Phänomene begegnet, die aber minder tumultös im engen Kreise Vertrauter gebannt blieben.

Das Haus blieb seit unserer Abreise verschlossen. Es ist erst in diesem Frühjahre (1863) wieder von einem Mieter bezogen worden, ohne daß bisher von einer Fortsetzung dieser Erscheinungen mit Bestimmtheit etwas bemerkt worden; auch blieb ich mit meiner Familie vor meinem Auszuge ab von derartigen Verfolgungen verschont.

Zeitungsberichte und Briefe Jollers zu den ihm und seiner Familie widerfahrenen paranormalen Vorgängen

Briefe an Dr. M. Perty

Brief vom 2. Oktober 1962

Es folgt zunächst ein Brief Melchior Jollers vom 2. Oktober 1962 an Dr. Phil. Dr. Med. M. Perty[2], Universitätsprofessor in Bern, der, selbst auf dem Gebiet des Paranormalen forschend, aufgrund eines Zeitungsartikels vom 28. September 1862 auf Joller aufmerksam wurde und ihn hieraufhin brieflich kontaktierte:

„... Auf Ihre verehrliche Zuschrift vom 30. September diene Ihnen vorerst zur Nachricht, daß die mystischen Phänomene in meinem Hause, wenn auch nicht mehr mit der anfänglichen tumultuarischen Heftigkeit und nach so kurzen Pausen, doch immer noch fortgehen, und daß an den Zeitungsberichten, von denen Sie mir melden, auch nicht ein Wort wahr ist [...] Bloßgestellt dem Kreuzfeuer einerseits von einer rohen verwünschenden Pöbelmasse, andererseits von der unglaublichen, verleumderischen und höhnenden Presse, ward ich mit meiner zahlreichen Familie auf mich selbst, d. h. auf mein Unglück angewiesen und bin nun genötigt, aus Rücksicht für die erschütterte Gesundheit meiner Frau und meiner Kinder, mit den nächsten Tagen meinen Wohnsitz zu verändern. Ich habe anfänglich über die Sache das tiefste Geheimnis

---

[2] Quelle: Moser, Fanny, *Spuk – ein Rätsel der Menschheit*, S.108 f.

zu wahren getrachtet, aber der Tumult war so stark, daß
alles befürchtet werden mußte und längeres Verheim-
lichen unmöglich war. Die Phänomene, von denen ich
mich bei allem Widerstreben mit meinen wachen Sinnen
bei hellichtem Tag seit sechs Wochen, oft dutzend Male
täglich überzeugen mußte, sind sehr mannigfacher Art.
Anfänglich trat ein von Tag zu Tag steigerndes Klopfen
an den Wänden, Dielen und besonders an den Türen im
Hause ein; in seiner größten Heftigkeit riß es diese aus
den Fallen auf und zu. Dieses Klopfen verlor sich nach
und nach und ging in ein leises Hoppern über, wie ich
und meine Kinder dasselbe seit Jahren gehört hatten, aber
ohne es als etwas Außerordentliches zu beachten.
Während dreier Tage warf es Tische und Stühle, Gefäße
usw. um, *teilweise mit, teilweise ohne Geräusch.* Später
legte es die Tableaux von der Wand, Gefäße von Tischen
und Kommoden umgekehrt auf den Boden, hing auf
fratzenhafte Weise allerlei Gegenstände an die Wand-
schrauben, wendete endlich auch die Tableaux vor
unseren Augen an den Wänden um und warf Steine,
Obst, Kleidungsstücke usw. um sich und verbarg sie
nicht selten in finstere Winkel, *ungehindert durch
Schlösser und Riegel.* Oft wurden Steine aus dem Kamin
geworfen. Zerbrochen oder verletzt wurde nichts, selbst
die Steine, die das eine oder andere meiner Kinder aus
der Höhe des Kamins trafen, schlugen kaum fühlbar auf.
Eine schreckliche Erscheinung, die einmal beinahe das
Leben meines zehnjährigen Knaben Oskar gekostet hätte,
waren unförmliche Nebelbilder, die mehrmals bei hellem
Tag, selbst von nicht im Haus wohnenden Personen
beobachtet werden konnten. Unausstehlich war das Anfühlen von eiskalter Hand und Fingerspitze, sowie der,
wie von raschem Flügelschlag erzeugte eiskalte Luftzug,
wie dies sämtliche Hausbewohner meist bei Nacht, aber

auch am Tage fühlten. Höchst interessant war das sehr häufige, täuschend ähnliche Nachahmen des Uhraufziehens, Rollens des Spulrades, Holzhackens, Geldzählens, Wischens, Singens und artikulierter Töne wie von Menschenzunge. Meistens standen diese mitunter sehr stark hörbaren Laute in einem gewissen Zusammenhange mit der Arbeit oder dem Gespräche der Hausbewohner. Die letzte Erscheinung war vorgestern Abend etwa um 8 Uhr, wo es einen faustgroßen, von Tau angefeuchteten Stein über die Stiege bis vor die Türe der Wohnstube und einen gleichen durch das Kamin in die Küche hinunterwarf, Es sind diese Tatsachen, welche ich noch vor sieben Wochen nur mit Achselzucken belächelt hätte, für die ich aber heute mit meinem ganzen Dasein einstehen muss...."

Brief vom 19. Mai 1963

Ein halbes Jahr später, am 19.5.1863, folgte ein weiteres Schreiben Jollers an Prof. M. Perty[3], der in Pertys 1877 erschienen Buch »Der jetzige Spiritualismus und verwandte Erscheinungen der Vergangenheit und Gegenwart« nachzulesen ist:

„Vor wenigen Tagen erzählte meiner Familie mein Schwager, Stiftungsrevisor in Konstanz, *daß es am gleichen 15. August, wo es in meinem Hause zu rumoren anfing, bei ihm einige Male so stark geklopft habe, daß das ganze Haus alarmiert wurde, ohne daß man eine Ursache entdecken konnte.* Während des wütenden Klopfens in meinem [Jollers] Hause war ich einmal Oh-

---

[3] Quelle: Moser, Fanny, *Spuk – ein Rätsel der Menschheit*, S.113 f.

renzeuge, wie es an Gläser und Gefäße, welche auf dem Küchentisch standen, klopfte. Ein andermal sahen nach dem Mittagessen zwei meiner Kinder bei halboffener Stubentüre eine leichte durchsichtige Schattenfigur an diese von der Haustüre rasch herantippeln, worauf es einige Male keck an die Türe klopfte und selbe dann wie gewöhnlich zuriß. Am Abend, nachdem es am selben Tage die Tische und Stühle umgeworfen hatte, rückte es einige Male die Stühle, auf welchen man eben saß."

Auswahl zeitgenössischer Zeitungsberichte zu den Spuk-Phänomenen sowie Jollers veröffentlichte Entgegnungen

Es folgen in chronologischer Reihenfolge zwei Zeitungsartikel[4] des »Eidgenossen«, die von anderen Zeitungen, wie beispielsweise der »Schweizer Zeitung« vom 3. 9. 1862 [Nr. 203] übernommen wurden, und auf die sich Joller zu erwidern genötigt sah.

Eidgenosse, 28. August 1862 [Nr. 103, Seite 410].
Nidwalden. Stans.

„Seit einigen Tagen haben wir wieder Teufelsspuk. Aber diesmal ist nicht etwa ein *Nönnlein*, sondern das ganze Haus des liberalen Nationalrates *Joller* – besessen. Es wird darin auf unerklärliche Weise geklopft, es werden auf unerklärliche Weise die Türen trotz starkem physischen Widerstand geöffnet und zugemacht, kurz es wird einem ziemlich unheimlich dabei zumute. Allerlei Volk

---

[4] Quelle: Moser, Fanny, *Spuk – ein Rätsel der Menschheit*, S.121 f.

war hier, von der Nachbarschaft, von Luzern kommend, den Spektakel anzuschauen. Es werden Geistliche, Chemiker, und sonstige Gelehrte zu Untersuch verschrieben, die Polizei hat die liebe Not, Ordnung zu halten. – Die bisherigen Bewohner sind bereits ausgezogen und der H. Fürsprecher[5] ist rein ratlos. Vom Verlauf später. – Geschrieben im Jahrhundert der Eisenbahnen und Telegraphen 1862!"

Eidgenosse 2. September 1862 [Nr. 105, S. 418].
Nidwalden. Stans.

„Ich schrieb Ihnen letzthin, der H. Fürsprech, in dessen Haus es spukte, ist rein ratlos. Er ist aber in den letzten Tagen noch ratloser geworden, denn es spukt nicht mehr. Um das durch Kreditoren gefährdete Haus in allfälliger Steigerung wohlfeil in der Verwandtschaft erhalten zu können, wollte man es durch den Spuk in Verruf bringen, und es liegen die handgreiflichsten Beweise vor, daß die natürlichsten Hände, Stoß- und Schlagwerkzeuge zu dem Rumor verwendet wurden. Man hat die Bemerkung gemacht, daß die Geschichten nur in Anwesenheit ungebildeter Leute spielten und Aufmerksame nichts wahrnahmen, weil man in deren Gegenwart sich eben nicht getraute. Ist das nicht ein Ende, wie es eben solche Geschichten immer haben? Trösten sich diejenigen, welche mehr erwartet!"

---

[5] Rechtsanwalt, Advokat

Entgegnungsschreiben Jollers,
Eidgenosse 6. September 1862 [Nr. 107, S. 428]

„In Nr. 105 Ihres gesch. Blattes lese ich soeben, daß ein angeblicher Korrespondent von Stans über das Poltern in meinem Hause so grundlose Behauptungen aufstellt, daß ich mich genötigt fühle, gegen die schamlose Verdächtigung, wie sie die Fama nur aus der tiefsten Pfütze der Unwahrheit und Verleumdung zu schöpfen imstande ist, zur Wahrung meiner Ehre zu protestieren.

Das während neun Tagen zum unsäglichen Schrecken meiner Familie ein sonderbares Klopfen und Pochen an Wänden und Türen in meinem Hause stattfand, und zwar am grimmigsten beim hellen Tage, ist eine Wahrheit, von der sich nicht etwa bloß ungebildete, sondern mehrere von den allerintelligentesten und vorurteilfreiesten Männern hier, – ich erlaube mir nur die Namen eines Gerichtspräsidenten Odermatt, Richter Schellenberger, Dr. Deschwanden, Dr. Christen u. a., die Polizeidirektion selbst und ihre aufgestellten Wachen aufzuführen – sattsam überzeugen konnten, ohne beim sorgfältigsten Untersuche irgend eine Spur von irgend welcher angewandter physischer Kraft zu entdecken, ohne aber auch so leichthin einen Teufelsspuk daraus machen zu wollen. Darnach mag denn auch der, von Ihrem angeblichen Korrespondenten aufgestellte, aller Vernunft und Wahrheit bare Beweggrund zu solchem Spuke beurteilt werden. Ist es Ihrem Korrespondenten nicht darum zu tun, dem durch dieses unabwendbare Missgeschick hart betroffenen, deswegen aber seinen liberalen Grundsätzen immer gleich treu bleibenden Joller den Dolch der Verleumdung in den Rücken zu stoßen, so werfe er seine Larve ab, und scheue sich nicht, ihm offenen Namens mit seinen Beweisen entgegenzutreten. Soviel zur Abwehr.

M. Joller.“

Es folgt die in derselben Zeitungsausgabe veröffentlichte
Anmerkung der Redaktion:

„Wir stehen nicht an, obige Abwehr des H. Joller unge-
schmälert Raum zu gestatten, müssen aber dagegen protestieren, wenn H. Joller glaubt, unsere bezüglichen Kor-
respondenzen seien aus ›extrem entgegengesetzter politischen‹ Feder geflossen. Die Einwendungen sind uns von
achtbarer liberaler Seite zugegangen und hatten um so
mehr Anspruch auf Glaubwürdigkeit, weil deren Inhalt
uns von anderen Seiten bestätigt worden. Wir überlassen
daher die Verantwortung unserem Gewährsmann und
freuen uns aufrichtig, wenn diese Geschichte eine
Aufklärung findet, die Jollers Namen unbefleckt läßt.“

Entgegnungsschreiben Jollers,
Bund 5. September 1862 [Nr. 245]

„Da das Gerücht über ein seltsames Poltern in meinem
Hause während der letzten Tage etwas vorzeitig in die
Publizität gedrungen und somit leicht zu Mißver-
ständnissen und üblen Deutungen Anlaß geben möchte,
so finde ich mich veranlasst, die für den Laien der
Naturwissenschaft allerdings mysteriöse Erscheinung der
Wahrheit gemäß dahin zu berichtigen, daß ich am
Dienstag den 19. August, nachdem mir meine Kinder von
höchst seltsamen Erscheinungen, die sie am 15. in
meinem Hause beobachtet hätten, erzählt, wirklich ein
eigentümliches Klopfen an inneren Wänden des von Holz
erbauten Hauses wahrnahm, welches sich in ebenso
derber als neckischer Weise da und dort bis gegen 12 Uhr

nachts kundtat, ohne daß durch den genauesten Untersuch irgend welche Ursache entdeckt werden konnte. Dieses Poltern wiederholte sich am folgenden Tage von morgens früh bis abends nach sehr unregelmäßigen Pausen, tat sich in starkem Klopfen an die Dielen und ganz besonders durch immer stärkeres Anpochen an die Zimmertüren, gleichgültig ob offen oder geschlossen, kund und steigerte sich endlich am Donnerstag bis Freitag mittags zu einer solchen Heftigkeit, daß die ziemlich schwer und tief eingesenkten Türfallen aufgerüttelt und die Türen mit aller Vehemenz auf- und zugerissen wurden und da, wo der Nachtriegel vorgeschoben war, die Kloben aus dem Pfosten ins Innere geschleudert wurden, sodaß man bei dieser Gradation eine teilweise oder gänzliche Zerstörung des Hauses befürchten mußte. Viele Zeugen, darunter Gelehrte, sehr achtbare und vorurteilsfreie Männer, haben sich von dem wundersamen und schreckhaften Phänomen überzeugt und beim Untersuche mit Rat und Tat mitgewirkt.

Die Erscheinung war so abnorm und eigentümlicher Natur, daß man bisher gar keinen Anhaltspunkt fand, sie trotz angewandter Vorrichtungen auf elektrische, galvanische, magnetische oder vulkanische Ursachen zurückzuführen. Mit dem 22. nachmittags schien die Kraft gebrochen, wohl aber dauerte das Poltern in kürzeren und längeren Pausen bis zum 27. gegen 3 Uhr nachmittags fort, nachdem es sich auf einen immer engeren Kreis reduziert hatte. Seit dem 24. waltete amtliche Aufsicht und der amtliche Untersuch bis zum 1. September blieb des Gänzlichen resultatlos. Als vollständige Gewißheit darf angenommen werden, daß es kein Spuk von Menschenhänden war. Daß aber von irgend welcher nennenswerter Seite aus dieser Sache

kurzweg ein Teufelsspuk gemacht werden wollte, muß
mit aller Indignation verneint werden, wohl aber war es
der lebhafte Wunsch aller herbeigezogenen Männer,
geistlichen und weltlichen Standes, deren warme
Teilnahme ich innigst verdanke, es möchte das seltsame
Phänomen einer möglichst genauen Untersuchung natur-
wissenschaftlicher Autoritäten unterbreitet werden. Daß
es für meine zahlreiche Familie Tage unsäglichen
Schreckens waren und die Folgen schwer drückend, lässt
sich leicht ermessen. So viel in Kurzem zur Steuer der
Wahrheit."

Es folgt die in derselben Zeitungsausgabe veröffentlichte
Anmerkung der Redaktion:

„Dachten wir doch, H. Joller sei ein zu aufgeklärter
Mann, um nicht gegen den ihm zugeschobenen Teufel-
glauben zu protestieren. Ebenso scheint uns seine
Ehrenhaftigkeit hinlänglich dafür zu bürgen, daß auch
das neuestens in Umlauf gesetzte Gerücht, mehrbe-
nannter Spuk sei absichtlich angerichtet, um das, von
Kreditoren gefährdete Haus bei einer allfälligen Steigerung wohlfeil wieder an die Familie zu bringen, keiner
besseren Quelle entsprungen."

In ihrer 1950 veröffentlichten Forschungsarbeit »Spuk –
Ein Rätsel der Menschheit«[6] dokumentiert die Biologin
Dr. Fanny Moser u.a. zum Fall Joller, dass noch vor
Auszug Jollers und seiner Familie aus ihrem Haus in

---

[6] Das Buch, das über den Fall Joller hinaus noch weitere Beispiele
paranormaler Phänomene darstellt und auswertet, wurde schon kurz
nach seinem Erscheinen zum klassischen Bestand der
parapsychologischen Literatur gezählt

Stans weitere Zeitungsartikel erschienen, in denen Joller teils angegriffen, teils jedoch auch – so von anonymer Seite in der »Schweizer Zeitung« vom 6. September 1862 [Nr. 206] – verteidigt wurde.

Nach Auszug seiner Familie aus Stans veröffentlichte Melchior Joller im folgenden Jahr seine Schrift »Darstellung selbsterlebter mystischer Erscheinungen«, die 1863 im Verlag Fr. Hanke, Zürich erschien.
Hierzu Schreibt Fanny Moser in ihrem Buch »Spuk - Ein Rätsel der Menschheit« auf S. 127 f::

„... Endlich war Ruhe in der »Speichermatt« und Joller fort, das Ärgernis also beseitigt. Ein Jahr später erscheint seine Schrift. Gleicht läßt die Heimat wieder einen Pfeil los, einen längeren Artikel vom Anonymus in Stans. Ein ähnlicher folgt vom Anonymus in Nidwalden. Auszüge genügen:

Schwyzer Zeitung[7] 7. September 1863 (Nr. 201)
»Die Popularität von H. Joller (Fürsprech wie Nationalrat fallen unter den Tisch) war nie so kolossal, wie der Leser glauben könnte.« Auch hätte der Verfasser »sein Wohnhaus etwas bescheidener schildern dürfen, indem selbes, näher betrachtet, ein ganz gewöhnliches altes Holzhaus war«. »Hauptsache Klopfen: morgens – Klopfen, mittags – Klopfen, abends Klopfen ist zu viel des Guten, und die Höflichkeit offenbar zu weit getrieben.« In dem Ton geht es weiter. Der Höhepunkt wird erreicht mit der Erklärung: »Die einen glauben, H. Joller spiele die Rolle selbst, um sich bekannt zu machen; andere fanden die

---

[7] nicht identisch mit »Schweizer Zeitung«

Lösung des Rätsels darin, daß die Familie Joller, durch das Klopfen in Schrecken versetzt, Gespenster sah, wo eben keine waren, wie dies bei furchtsamen Leuten, auch wenn selbe, wie H. Joller, Zschokkes Familienandachtbuch lesen, gleichwohl vorkommen kann« usw. (s. p. 128/129)."

Schwyzer Zeitung 26. September 1863 (Nr. 217)
Nidwalden. (Korr.)

„Soeben habe ich die Darstellung der mystischen Erscheinungen von H. Alt-N. Joller mit Aufmerksamkeit durchgelesen. – Als fleißiger Beobachter kann ich zu denselben gleichsam als Appendix noch einiges, was H. Joller zufällig, vielleicht unwissend übergangen, beifügen.

Freitag den 22. August vorigen Jahres, so erzählt ein Augenzeuge, ging ich mit einem Kameraden in das Haus von H. Fürsprech Joller, um die Erscheinungen mitanzusehen. Es war ungefähr halb 9 Uhr abends, als wir uns mit noch Anderen in der Küche von Joller befanden. Nach einer Weile hörten wir am Tische, der sich in der Küche befand, einen Stoß und Gepolter. Die Magd des H. Joller stand vor demselben und hatte das Gesicht uns zugekehrt. Wie das Gerumpel ertönte, sprang sie mit einem lauten Geiz (Geschrei) vom Tische weg und im gleichen Augenblick sah ich, daß der Tisch zitterte und in seiner Stellung verrückt wurde. Das Vorgefallene machte uns aufmerksam und erregte in uns den bestimmten Verdacht, daß niemand anders als die Magd selbst das Gepolter veranlasst. Ich nahm mir vor, diese Person genau zu beobachten, drückte meinen Hut in die Stirne und tat, als sähe ich auf den Boden, während ich die Magd

nicht aus den Augen ließ. Dieselbe stellte sich unterdessen an die Küchenstüblitüre mit dem Rücken angelehnt und beobachtete uns scharf. Auf einmal sah ich, daß
es polterte. Im gleichen Moment sprang sie wieder mit
einem Geiz von der Türe weg in die Küche hervor und
rief jammernd: ›Jetzt hets wieder‹ Wir hatten dieses klar
und deutlich gesehen und hielten ihr sofort vor, daß wir
sie selbst schlagen gesehen. Anfangs wollte sie leugnen,
mußte aber am Ende selbst eingestehen, daß sie dies –
und auch das frühere mal selbst geklopft habe. – Eine
Viertelstunde nachher kam der junge Joller zu uns und
sagte: es macht heute nichts mehr, wir können ruhig
heimgehen, er könne uns das auf Ehre versichern. Wir
lachten und sagten: ›Was wollen wir länger hier stehen,
er weiß ja am Besten, ob es etwas gibt oder nicht.‹
Ferner vergaß H. Joller, wo der Geist im September seine
schlechten Witze machte, Tische, Stühle und Tableaux
umwarf, Sonnenschirm und Kleidungsstücke der Frau
und Magd verbarg, Brot und Würste aus dem verschlos-
senen Schrank wegwarf etc., noch beizufügen, daß ein
Beamter ein Zimmer, in welchem obiges bereits täglich
vorgefallen, auf einige Tage verschloß und bei Öffnung
desselben alles in alter Ordnung und vom Geiste
unverrückt gefunden. Diese Tatsachen, welche noch
mehrere beigefügt werden könnten, dürften zur Ver-
vollständigung dieser mystischen Geschichte nicht
fehlen; sie geben ein wenig Licht und man lernt dadurch
des Unholds Wesen besser kennen."

Entgegnungsschreiben Jollers
Schwyzer Zeitung 1. Oktober 1863 (Nr. 221)[8]

„In Nr. 217 Ihres Gesch. Blattes sind Mitteilungen eines angeblichen Augenzeugen enthalten, welche wieder einmal den vorjährigen Spuk in meinem Hause in Stans ›vollkommen‹ erklären. Wie es scheint, ist die vor einem Jahre als sicher publizierte Lösung durch die Zauberei meines Sohnes ungenügend empfunden worden, und es muss heuer nun die Magd die Sünde begangen haben. Vorerst darf billig auffallen, daß der Zeuge anonym erscheint und von der Frucht seiner Untersuchungen, so mühelos erhascht, dem Hauseigentümer, den er dadurch von großer Kalamität und Schaden befreit haben würde, zur Zeit nicht Anzeige gemacht hat, oder – sei es, daß er diesem, wie es den Anschein gewinnt, sehr übel gesinnt war – doch wenigstens der wochenrätlichen Untersuchungskommission, und es berechtigt dies zur Vermutung, er müsse für sein Zeugnis auf sehr wenig Vertrauen gerechnet haben. Wie zuverlässig der angebliche Augenzeuge die Sache übrigens behandelt, geht schon aus dem Umstande hervor, daß sein Falkenblick erspäht, wie der Küchentisch, vor welchem sich das Mädchen aufgestellt haben soll, erzitterte und in seiner Stellung verrückt wurde, während es Tatsache ist, daß dieser Tisch mit dem soliden Geländer an der Stiege so fest und unverrückbar verbunden war, daß es der Kraft des angeblichen Augenzeugen und seiner Kameraden wohl kaum hätte gelingen mögen, was er dem ca. 13jährigen Mädchen zuschreibt. Schon dieser Umstand läßt auf die Wahrheit seiner übrigen Aussage schließen, zumal, wenn man erwägt, daß in diesem Augenblick die Küche von

---

[8] Quelle: Moser, Fanny, *Spuk – ein Rätsel der Menschheit*, S.129 f.

Neugierigen voll gedrängt war, und nur mit dem in die Augen gedrückten Hute zu schauen gelungen war, was die anderen mit offenem Gesicht nicht sahen. Aber selbst noch gesetzt, es hätte sich das Mädchen den frevlen Spaß erlaubt, ein oder zwei Mal mit dem Fuße an die Türe zu schlagen, während schon erwiesenermaßen die Schläge an dieser Türe stets von *innen* anpochten – ist's nicht ein mehr als kühner Schluß, daraus den Spuk, der bei neun Wochen mit rasendem Ungestüm, allermeist am hellen Tag, selbst bei scharfer Bewachung der Polterstellen von deren Innen- und Außenseite bei erwiesener Abwesenheit des Mädchens, aus dessen schlimmen Fuße zu erklären und anzunehmen, es sei dem sich nichts weniger als flink bewährten Mädchen gelungen, den scharfbeobachtenden Hauseigentümer, seine ganze Familie, eine Menge von Augen- und Ohrenzeugen, worunter von den intelligentesten Ehrenmännern, die mehrtägige Polizeiwache selbst zu hänseln und mit seinem Strumpfe Zauberstücke auszuführen, die dem ›Velle‹ bei allen seinen Vorbereitungen nicht würden gelungen sein? Wenn sich der angebliche Augenzeuge darüber grämt, daß man ihn und seinesgleichen bei vorrückender Nacht so gut möglich hinauszuspedieren suchte, so mag die Ursache zunächst darin liegen, daß diese Eindringlinge, namentlich später, z. T. aus einer Klasse bestanden, aus der der Eine oder Andere unter eingedrücktem Hute hervor auch noch nach anderem, als nach dem Fuße des Mädchens zu schielen imstande gewesen wäre, und meinem Begehren um polizeiliche Bewachung als gar nicht ungerechtfertigt zuvorgekommen wurde. Ich rate dem angeblichen Zeugen, den Hut noch etwas tiefer in das Gesicht zu drücken, denn auch sein und gar rostig gewordener Dietrich tut nicht auf.

Zürich, den 28. September 1863   M. Joller,
Advokat."

Quellen

Joller, Melchior: *Darstellung selbsterlebter mystischer Erscheinungen*, Verlag Fr. Hanke, Zürich,1863

Moser, Fanny: *Spuk – Ein Rätsel der Menschheit*, Fischer Taschenbuch-Verlag, März 1980
frühere Ausgaben:
> *Spuk, Irrglaube oder Wahrglaube?*, Gyr-Verlag, Baden bei Zürich, 1950
> *Spuk – Ein Rätsel der Menschheit*, Walter Verlag, Olten/Freiburg i. Br., 1977

ARTE/ZDF-Dokumentation: *Das Spuk-Haus*, erstmals ausgestrahlt von ARTE am 8.6.2003